Enseñanza universitaria sobre género y sexualidades en Argentina, Chile, China, México y Sudáfrica

ADRIANA ORTIZ-ORTEGA
MARIO PECHENY
(COMPILADORES)

Enseñanza universitaria sobre género y sexualidades en Argentina, Chile, China, México y Sudáfrica

t ESEO

Ortiz-Ortega, Adriana
    Enseñanza universitaria sobre género y sexualidades en Argentina, Chile,
China, México y Sudáfrica / Adriana Ortiz-Ortega y Mario Pecheny. - 1a ed. -
Buenos Aires : Teseo, 2010.

    228 p. ; 20x13 cm.
    ISBN 978-987-1354-53-5
    1. Género. 2. Sexualidad. 3. Enseñanza Universitaria. I. Pecheny, Mario
II. Título

    CDD 305.071 1

Índice

**Hacia un orden igualitario y no discriminatorio:
la enseñanza de género y sexualidad
en las universidades de Chile**

**Enseñanza sobre género y sexualidad
en universidades públicas en la Argentina**

ANEXO

PRÓLOGO

Mario Pecheny

Este libro resulta de un extraordinario proyecto de investigación colaborativa en materia de sexualidades y género.[1] Extraordinario, pues se ha salido de lo ordinario, incluso para muchos de nosotros, investigadores e investigadoras de tres continentes, quienes estamos acostumbrados a trabajar sobre temas originales y con gente y dinámicas también originales, incluyendo pluri-, trans-, multi-, inter- y varios prefijos más.

El proyecto surgió a partir de una iniciativa de Adriana Ortiz-Ortega, académica de México, en complicidad con Barbara Klugman, en ese entonces a cargo de un programa en la Fundación Ford residente en Nueva York, sudafricana ella, con larga y reconocida experiencia en la academia y en el activismo feminista y anti-*apartheid*.

El punto de partida: el reconocimiento de que el trabajo de las organizaciones no-gubernamentales es muy valioso, pero que sistemáticamente se enfrenta a desafíos insuperables de sostenibilidad en el tiempo; y el reconocimiento de que el trabajo de las organizaciones gubernamentales e inter-gubernamentales, crucial como lo es para el aumento

---

[1]   Los artículos incluidos en el presente libro son reelaboraciones de los artículos publicados en el número especial "Researching the Incorporation of Sexualities in the Academic Agenda of Argentina, Chile, China, Mexico and South Africa" del *International Journal of Sexual Health* vol. 21, Issue 4, de 2009.

en escala y profundidad de las acciones, sigue las vicisitudes de la inestabilidad política y burocrática, lo cual atenta también contra la continuidad y el compromiso.

El desafío: ¿por qué no apostar por las universidades, esas viejas instituciones que podrían ser –y a veces son– un campo y un actor de cambios? En este sentido, nos interesó entender qué se estudia y cómo se transmite el conocimiento sobre los cambios que ocurren en torno a las relaciones de género, a las sexualidades, al modo en que mujeres y varones, trans, gays y lesbianas, jóvenes, adultos y todo el mundo, viven y se relacionan en tanto seres sexuados, deseantes, capaces de experimentar placeres y peligros, susceptibles de violencia, víctimas y sujetos de sus circunstancias.

Otro desafío: ¿cómo pensar e intervenir en torno a estas cuestiones, desde el Sur? Desde el Sur... implica considerar experiencias y perspectivas muy heterogéneas, inconmensurables e intraducibles sin esfuerzos y mucha buena voluntad. El puntapié inicial incluía investigadoras e investigadores de cuatro países de tres continentes: México, China, India y Sudáfrica. Con experiencias e inserciones intelectuales y profesionales diversas, pero siempre con una fuerte impronta académica. Por lógicas no inhabituales en nuestro campo, la India quedó en el camino y se bajó del proyecto. Y por lógicas tampoco inhabituales, en este caso combinadas con un feliz azar, se incorporó Chile y luego Argentina, de la mano de investigadores de un prestigioso centro de investigaciones extra-universitario, el CEDES, y del principal instituto en ciencias sociales de una universidad pública, la de Buenos Aires.

Aquí empieza la verdadera historia. El proyecto, cuyos resultados se reproducen parcialmente en este libro, ha tenido objetivos a la vez muy modestos y extremadamente ambiciosos. Modestos, pues se trató de mapear "en qué está" el campo de la educación superior en cada uno de los

países, en relación con la enseñanza (más que la investigación) sobre género y sexualidades. Para nuestra sorpresa,
en los cinco países, la situación "estaba" más o menos en
un momento similar, entre el surgimiento de estos estudios
y su consolidación parcial en un medio en principio hostil
ante estos temas no tan puramente académicos. Y objetivos
ambiciosos, pues trató de dar cuenta de una inmensa heterogeneidad de estructuras universitarias, construcciones
del objeto de indagación, y contextos sociales, políticos y
"de género". No solo son diversos, sino que en cada uno de
los países cambian muy rápida y significativamente. Incluso
en contextos como el chino, hasta hace tan solo unos pocos
años no había siquiera términos para referirse a lo que
en Occidente (incluyendo el Sur) llamamos sexualidad o
género. Amén de que estos términos significan cosas muy
distintas según los países, las disciplinas, las discusiones
y las perspectivas político-ideológicas.

Un desafío no menor: Babel. Imagínense por un momento las discusiones sobre el impacto de la pornografía
(¿querrá decir lo mismo en Chile que en China?) en la
violencia de género como objeto de investigación. ¿Se
entendió que en realidad no hay impacto? ¿Qué entienden
unos y otros por "pornografía"? ¿Y por "violencia"? ¿Y por
"de género" o "sexual"? Y... ¿por objeto de investigación? ¿Y
cuál puede ser el lenguaje y preocupaciones comunes en un
grupo integrado por médicos, antropólogas, politólogos/a,
sociólogas, lingüistas, especialistas en Salud Pública?

En el Sur de Occidente, en donde nos ubicamos las y
los latinoamericanos –al menos en contraste con China y
dejando de lado por un momento la América autóctona–,
decimos que adoptamos una perspectiva política, demo-
crática, de derechos y de justicia social, para pensar la
sexualidad y el género. ¿Cómo pensar esto en un país con
sistema de partido único? ¿Y en otro que acaba de salir,
apenas, del *apartheid*? ¿Qué sentido tiene, para unos y

otros, apuntar como estrategias de cambio a modificar las cabezas del estado o del partido, promover las movilizaciones de masas, influir en el espacio público, u organizar el *advocacy* de ONGs profesionales?

Las diferencias no son solo entre regiones. ¿Cómo comparar el contexto universitario de países como México y Argentina, con masivas universidades públicas, con el de Chile? ¿Cómo comparar contextos universitarios fundamentalmente urbanos, como el argentino, con un contexto mucho más pluri-cultural como el mexicano?

A todo ello se suma la amplia distancia y el tiempo escaso. Dislocamos el tiempo a través de discusiones virtuales, en las cuales una plataforma virtual ha jugado un papel fundamental.

En síntesis, los desafíos son muchos, así como las diferencias, pero los textos que siguen muestran que, sin necesidad de bucear en las profundidades, hay un fondo común de preocupaciones, estrategias, vicisitudes de los académicos y las académicas que –en todos los contextos– de manera pionera intentan superar las inercias institucionales (¡todas las universidades parecen habitadas por personajes y anécdotas similares!) y los saberes y prácticas hegemónicos, que desconfían del género y las sexualidades, incluso de sus mujeres, y en relación con los cuales las sexualidades disidentes están, en el mejor de los casos, en un lejano segundo plano.

Los estudios de "la mujer", de las mujeres, de género, de gays y lesbianas, LGBT, *queer*, sobre sexualidades, se han sucedido y siguen sucediendo en las universidades de cada uno de los países, en un proceso atravesado por demandas cruzadas desde la Salud Pública (la salud reproductiva, el VIH/Sida), la educación sexual, reproductiva y anticonceptiva de los propios varones y mujeres estudiantes, la violencia y los financiamientos externos e internos.

La academia con pretensión de intervención en la sociedad –ya sea en términos políticos, activistas, militantes o consultivos– se sitúa en un complejo lugar que despierta la desconfianza tanto de la institución intelectual y científica como de los actores sociales y gubernamentales extra-académicos. Pero es un lugar ineludible, tanto para cumplir mejor el papel social de profesores e investigadores cuyos salarios son pagados por la sociedad, como para simplemente jugar de forma adecuada el papel pedagógico y constructor de conocimientos.

En lo que sigue, veremos historias sobre cómo, a pesar de los neoliberalismos que han puesto en jaque a las capacidades innovadoras de las universidades, de las herencias y presentes de autoritarismo, violencias y desigualdad, de las manifestaciones de heteronormatividad y otros órdenes jerárquicos y subordinantes de estructurar las relaciones de género y las relaciones sociales sexuadas, a pesar de todo, las universidades se han transformado en espacios de disputa hegemónica en torno de los sentidos del género y la sexualidad, de cómo dar clase sobre ello, y en qué estamos nosotros, docentes y estudiantes, interpelados e interpeladas por estas temáticas.

INTRODUCCIÓN

Adriana Ortiz-Ortega

"Incorporación de la enseñanza sobre sexualidades en la currícula académica de universidades de Asia, África y América Latina" es un proyecto de investigación que suma la voluntad y liderazgo intelectual, político, personal y ético de académicas y académicos comprometidos con estos temas, que se ubican en distintas partes del mundo. Se trata de una iniciativa –sostenida a lo largo de un lustro gracias al apoyo de la Fundación Ford– dirigida a explorar cómo se transmiten las dimensiones sociales, culturales, históricas y políticas sobre las sexualidades en la educación superior.

Nuestra investigación parte del supuesto de considerar las sexualidades como un campo socialmente construido que se refiere tanto al estudio de las prácticas como al entendimiento de las transformaciones de los discursos sobre dichas prácticas. Debido a que la investigación se dedicó a comprender la enseñanza en entornos universitarios, el trabajo puso énfasis en dos cuestiones: en primer lugar, se llevó a cabo un análisis socio-político que ayudara a ubicar tales discursos en los respectivos contextos nacionales; en segundo lugar, se realizaron entrevistas a fin de comprender los puntos de encuentro y desencuentro de los actores sociales (a saber, académicos, estudiantes y personal directivo) que participan desde el ámbito académico en la construcción de este campo de estudio en tres continentes con historias culturales muy diversas.

Este proyecto de investigación-acción cumplió dos objetivos: dimensionar los obstáculos y posibilidades que enfrenta dicha inserción curricular, construyendo una mirada comparativa basada en compartir y contrastar experiencias; e identificar las acciones encaminadas a la generación de un arraigo institucional a partir de la vinculación entre los distintos campos intelectuales que abarca la enseñanza de las sexualidades.

La "sexualidad" es un concepto que involucra tanto a las esferas sociales, históricas, políticas e ideológicas, como a las dimensiones culturales. Por ende, los Estudios sobre Sexualidad(es) se refieren a la exploración de las dimensiones sociales, económicas, culturales e históricas de las prácticas y discursos en torno al sexo. Cabe destacar que dichos estudios no son únicamente un punto de partida, sino que también implican el reconocimiento de la conformación social sobre qué se entiende por sexualidades. En tanto que en la definición y práctica de las sexualidades media la conformación de identidades personales e institucionales que se retroalimentan e interactúan entre sí, se trata de un campo donde interactúan normas, aspiraciones, deseos y castigos.

Este libro recoge resultados de interés tanto para el terreno intelectual como para el espacio directivo de las instituciones de educación superior en países localizados en el llamado "Sur", es decir, en países con ingresos destinados a la educación (así como en muchas otras áreas) significativamente menores que los invertidos en este mismo rubro en los países industrializados o llamados del "Norte", en donde se concentra la toma de decisiones políticas, económicas y sociales que afectan al planeta.[2] Por tanto, el "Norte" y el "Sur" no se refieren exclusivamente a regiones geográficas,

---

[2]   Llama la atención el que pese a que los conocimientos sobre sexualidades parecen estar más avanzados en Europa, Japón y América del Norte, el

sino a regiones donde se concentran los recursos económicos, sociales y culturales. La investigación exploró una
pequeña muestra de países del Sur donde existe un arraigo
visible de estos programas.

Los lectores y lectoras de este texto deben tomar en
cuenta algunas anotaciones importantes. Primero, se trata
de un estudio exploratorio, el primero dedicado a dimensionar los obstáculos y posibilidades que enfrenta el desarrollo
de programas universitarios que, en comparación con sus
pares en Europa, Estados Unidos y Canadá, tienen un espacio de menor autonomía respecto de las religiones (sobre
todo la católica en América Latina), el control político (en
países comunistas como China) y el desigual desarrollo
de la democracia (como ilustra el caso sudafricano). La
combinación de estos factores explica que, en su conjunto,
los programas sobre sexualidades en estos países tengan
menores recursos para su consolidación. Segundo, fue
necesario desarrollar metodologías capaces de abordar a
las universidades como objeto de estudio, al tiempo que
se buscó recuperar la especificidad local y propiciar un
diálogo transnacional para promover un mayor intercambio
y entendimiento de las culturas y sociedades donde ocurre
dicha enseñanza.

Esta introducción se centra en el enfoque metodológico y deja a los capítulos del libro la tarea de presentar el
esfuerzo de los equipos locales por tender puentes entre la
teoría y la práctica. Tales puentes se refieren a la distancia
que media entre la teorización, enseñanza y creación o fortalecimiento de programas universitarios de estudio sobre
sexualidades. La principal conclusión es que persisten retos
en el largo camino hacia la consolidación de la enseñanza
sobre las sexualidades, e incluso reflexión y transformación

---

primer libro que aborda lecturas sobre estos temas recién apareció en
2006 (véase Seidman *et al.*, 2006).

como campo de estudio. Al mismo tiempo, documentamos importantes avances en el desarrollo de enfoques teóricos y en la expansión del término "sexualidades".

Antecedentes

Los estudios sobre la sexualidad fueron iniciados por sexólogos y otros investigadores desde principio del siglo XX, mientras que la revisión de las implicancias políticas y sociales de las sexualidades fue abordada explícitamente a mediados de la década del sesenta; las reflexiones de pensadores estructuralistas y marxistas influyeron en el pensamiento feminista que se manifestaría una década después. Sin embargo, no es sino hasta mediados de la década del ochenta que los escritos de autoras como Gayle Rubin y Carole Vance lograron colocar a la(s) sexualidad(es) como un eje de relaciones sociales que guarda relación directa con el género.

Para finales de los ochenta florecieron los enfoques de salud pública y derechos humanos, al menos dentro de la academia anglosajona, que expandieron su influencia a medida que el VIH/Sida irrumpía en escena, se conformaba una sociedad civil internacional y las Naciones Unidas organizaban diversos foros, tras lo que se abrieron las puertas para el desarrollo de investigaciones aplicadas. Estos enfoques –dominados por una perspectiva de salud pública que consideraba a las sexualidades (sobre todo a la homosexual) como un factor de riesgo– empezaron a complejizarse desde la academia gracias al desarrollo de perspectivas de género, feministas y los llamados Estudios Gay o *Queer*. Actualmente, dichos enfoques coexisten disciplinariamente, particularmente en las Ciencias Sociales y en las Humanidades.

En este contexto, durante la última primera década del siglo XXI, los programas sobre sexualidades –aquellos que se autodenominan con este nombre o cuyo objeto primordial de estudio son estas– florecen en varios países de África, América Latina o Asia. Entender sus problemáticas desde una perspectiva global comparada es el propósito de este libro.

Consideraciones teóricas

Si bien puede documentarse la existencia de un amplio cuerpo teórico sobre las sexualidades, también es posible demostrar que el conocimiento que no logra establecerse como dominante es devaluado. De acuerdo con esta premisa, no bastaría con demostrar la existencia de un *corpus* teórico para garantizar un arraigo institucional exitoso. El análisis de la inserción de la enseñanza sobre sexualidades implica reconocer la producción de conocimiento desde perspectivas divergentes que, cuando sacuden el orden moral, enfrentan rechazos (Collins, 1990). En términos prácticos, lo anterior se traduce tanto en que existe suspicacia sobre las posibles contribuciones que los Estudios sobre Sexualidades puedan hacer, como en que se limitan los recursos financieros para esta actividad, generando un círculo vicioso: la falta de financiación y apoyo institucional conlleva un doble esfuerzo por parte de quienes trabajan en este campo, al cual muchas veces no se lo valora como esfuerzo adicional sino como un "empuje activista" que deberá ser modulado por las disciplinas "serias".

Como es de esperarse, los Estudios sobre Sexualidades enfrentan dificultades en cuanto a la financiación pública y la consolidación institucional. La referencia a los movimientos sociales es importante, pues la academia es un espacio crítico desde el cual puede desarrollarse un debate social sobre sexualidades que prácticamente no existe en otros espacios. Sin embargo, debido a las presiones para conformarse a la norma que experimentan estos espacios, no se puede asumir como inmediata la relación entre movimientos sociales y academia en estos temas. En la práctica, lo que prevalece es un movimiento inverso, hacia la separación y la súper-especialización.

Así, somos testigos de las dificultades inherentes a la construcción de conocimientos novedosos, en particular cuando estos buscan traducirse en acciones concretas dentro de la academia, o en iniciativas políticas que enfrentan un alto riesgo por la forma en que están organizadas las disciplinas y la política universitaria basada en una competencia desigual por los recursos. Es decir, debido a cómo se organiza la posibilidad de "captar necesidades" desde los espacios institucionales desde donde se ejerce la enseñanza tradicional, se dejan huecos por atender, en particular cuando existe un enfrentamiento con la moralidad dominante. De ahí que un tema pendiente en la agenda política de muchos países sea la consolidación de la ciudadanía sexual en general, pero en particular en las democracias emergentes estudiadas, y que esta dinámica tenga vigencia en espacios académicos.

En virtud de lo anterior, el establecimiento de la academia como un campo de estudio requiere definir qué se entiende por "entornos universitarios", así como una aplicación del concepto de "resistencia" definido por los agentes académicos, quienes participan en la construcción de conocimiento más allá de la investigación formal a través de la "conciencia de oposición": la promulgación de la oposición de manera fluida "entre y en medio de las posibles identidades y las tácticas" (Sandoval, 1991).

Los retos de las universidades públicas en la actualidad

El centro de nuestro estudio es la inserción de la enseñanza de las sexualidades en las universidades, aunque reconocemos que los movimientos sociales y los actores políticos (tanto progresistas como conservadores) contribuyen de manera significativa al desarrollo de los discursos y las acciones en las áreas de género y sexualidades. Los Estudios sobre Sexualidades tienen su origen en los movimientos sociales y, por ello, los fundadores de este campo –y ocasionalmente quienes les siguen– tienden a mantener un compromiso tácito con la transformación social, aunque en la práctica no siempre pueden vincular sus ideales con su desempeño académico. Entre los aspectos recurrentes que son atendidos o al menos discutidos desde la academia están las relaciones desiguales de poder entre varones y mujeres (recientemente llamando la atención también sobre las desigualdad intra-género) y la afirmación de los derechos de quienes viven identidades sexuales que no se ajustan a la norma (primordialmente el espectro bisexual, lésbico, gay, transexual y transgénero, pero incluyendo también las rupturas heterosexuales).

Para los fines de este estudio, nos limitamos a entender la enseñanza en contextos universitarios ubicados en países que cumplieran con las siguientes características: 1) que tuviese lugar un crecimiento económico; 2) que vivieran una transición reciente a la democracia y/o siguieran procesos de liberalización política; y 3) que exista una tradición intelectual identificable internacionalmente en torno al tema de las sexualidades.

Aplicando esta metodología, identificamos a Argentina, Chile, China, India, México y Sudáfrica. Debido a que no hemos encontrado oportunamente colegas insertos dentro de la enseñanza universitaria en India, fueron seleccionados los cinco países restantes. Una característica común de estos países es que la mayor parte de dicha enseñanza ocurre en universidades públicas y que para la consolidación de los Estudios sobre Sexualidades ha sido fundamental la existencia de un creciente movimiento por la diversidad sexual (como se ha manifestado en los últimos diez años en el caso de China y en otros por más de treinta años, como México). En contextos renuentes a la inclusión de la enseñanza sobre sexualidades en la academia, ésta aún es impartida por Organizaciones No Gubernamentales (tal fue el caso de India, al menos hasta 2005 cuando comenzó el estudio).

Llama la atención que si bien todas estas universidades cuentan con recursos económicos limitados, lograron la autonomía suficiente para incluir en sus programas de estudio este tipo de enseñanza, ya que su misión está orientada hacia la atención del "bien común" en la formación de los recursos humanos de cada una de las sociedades en cuestión y no únicamente a una enseñanza dirigida a atender las necesidades del mercado.[3] La historia de autonomía y la misión de las universidades públicas se vuelven factores clave para la institucionalización de programas sobre sexualidades en la coyuntura actual: vivimos en un momento histórico en el que las universidades públicas se encuentran bajo la presión de colocar un mayor énfasis en la formación tecnológica y profesional. Dicha presión deja en

---

[3]   Un rasgo distintivo de las universidades públicas es el tener como misión ser inclusivas y estar atentas a las diferencias entre grupos sociales y los puntos de vista que estos representan. Se trata no solo de que no prime la visión de un solo grupo social, sino que tampoco un solo grupo pueda apropiarse de manera exclusiva de los servicios ofrecidos. Por tanto, las universidades públicas en las democracias emergentes cuentan aún -no sin enfrentar resistencias- con las condiciones para ofrecer beneficios garantizados para los grupos sociales que acceden a la educación universitaria, así como de poder producir servicios o beneficios para la sociedad en su conjunto.

ocasiones de lado la formación de un pensamiento crítico capaz de abordar fenómenos complejos de manera creativa. La clasificación internacional de universidades en *rankings* es una realidad innegable que debe ser tomada en cuenta, ya que no solo los actores de fuera de la academia evalúan a las universidades en función de su lugar en las clasificaciones conocidas, sino que las universidades dependen de éstas para evaluarse a sí mismas.[4] Dichas clasificaciones muchas veces no toman en cuenta los desarrollos en áreas como las Humanidades o las Ciencias Sociales emergentes, pues supuestamente no cuentan con el andamiaje metodológico de cuño positivista que les permita basar sus aportaciones en estudios empíricos y el sistema de publicaciones más estandarizado de las ciencias llamadas "duras". Por ende, estos programas raramente son vistos como aportaciones significativas al desarrollo institucional universitario actual y tienden a ser marginadas.

Insistir en los aportes desde el campo de las sexua-lidades en los contextos de la universidad pública pare-ce especialmente importante en un momento en que la globalización ha acrecentado la competencia en el ám-bito universitario por pertenecer a una clase mundial. Particularmente en la última década, vemos cómo la adop-ción de los *rankings* conlleva que la competencia entre uni-versidades (dentro del mismo país e internacionalmente) se haya convertido en una norma. Tener un lugar dentro del *ranking* de las universidades de clase mundial significa contar con el perfil de pertenencia necesario para atraer recursos estatales o privados para consolidar su misión. Un efecto colateral de dicha tendencia es que los esfuerzos se

---

[4]   Entre los *rankings* más conocidos está el producido en Inglaterra por *Times Higher Education* y el elaborado en China por la Asociación para la Medición de Universidades de Clase Mundial *(Association for the Ranking of World Universities, ARWU).*

concentran en posicionar las áreas que tienen más prestigio dentro del ámbito de la competencia internacional,
así como en ganar perfil y reconocimiento en las mismas
más que en desarrollarlo en nuevas áreas de conocimiento
(Knight, 2003).

Este proyecto de investigación-acción para universidades ubicadas en el Sur dimensiona la importancia del
intercambio académico internacional como una estrategia
para contribuir al posicionamiento de los Estudios sobre
Sexualidades, a través del énfasis en sus aportaciones a
la renovación curricular. Esta premisa es importante al
promover una renovación intelectual basada en conocimientos producidos desde esas sociedades, pues durante
mucho tiempo el intercambio académico de los países
pobres en esta área ha estado basado en la discusión en
torno a conocimientos producidos en contextos de países
ricos, ya que ha sido en estos donde surgen los Estudios
sobre Sexualidades.

Se comprobó que el campo de las sexualidades puede
renovarse a través de la promoción de ejemplos concretos
de funcionamiento cotidiano: encontramos a intelectuales
comprometidos/as que compilan lecturas sobre este campo, que intercambian planes de estudio, que construyen
programas binacionales, o que fomentan el intercambio
en y entre las universidades. Estas personas abren espacios
participativos que trascienden el énfasis puesto en los indicadores de control, evaluación y competencia, que hoy
día son una exigencia para las instituciones de educación
superior a escala mundial.

En este sentido, la exploración de las estrategias académicas de corte no convencional documenta que la internacionalización es un medio para renovar los planes
de estudio y los grupos de trabajo (Escorcia Caballero *et
al.*, 2007). Esto es, que las innovaciones introducidas por
la creación de redes internacionales de intercambio entre

programas demuestran que la internacionalización académica puede significar mucho más que el cumplir con estándares internacionales. Una interpretación alternativa de la "internacionalización" significa una colaboración académica sostenida, que se centre en la creación de nuevas capacidades o en el fortalecimiento de las existentes. A medida que el proyecto avanzó, las universidades participantes consolidaron o expandieron su gama de cursos sobre sexualidades, que sirvieron para ensayar pedagogías experimentales y para expandir la investigación sobre el impacto de estas acciones.

Por todas las razones antes descritas, podemos decir que estamos ante un proyecto internacional que buscó abrir el diálogo sobre los posibles aportes de la inserción de la enseñanza de las sexualidades en contextos universitarios. Desde el principio, todos los equipos que lo integran compartieron la premisa de que el proyecto no solo daría lugar a la producción de resultados de investigación, sino que buscaría un cambio positivo.

Caleidoscopio de metodologías

La integración de la metodología se basó en un modelo de cuño feminista: partimos de una metodología participativa cuyo eje fue la identificación de los puntos comunes, y desde ahí identificar las particularidades y diferencias (De Vault, 1996). El resultado de este esfuerzo es que, lejos de privilegiar una metodología en especial, el trabajo consistió en articular las distintas agendas locales y modalidades de investigación.

Para cumplir con los objetivos generales del proyecto, se diseñaron tres objetivos específicos. Primero, integrar una masa crítica de académicos y académicas que impartieran clase y que estuvieran vinculados al desarrollo de programas universitarios sobre sexualidades. Se seleccionaron personas en distintas fases de su carrera académica y con intereses diversos, mas su característica común fue que mantenían un compromiso con el desarrollo del campo y tenían una posición consolidada o prometedora. Segundo, identificar los diferentes paradigmas intelectuales orientados a la enseñanza y a la investigación sobre sexualidades en intersección con el género. Tercero, diseñar una estrategia de investigación capaz de captar tanto las realidades globales como las locales.

De este modo, abrimos un espacio no solo para discutir la sexualidad tal como la definimos al principio del texto, sino también para identificar los procesos de producción de conocimiento de los autores locales; es decir, propiciamos la comprensión y el reconocimiento de las contribuciones provenientes de Argentina, Chile, China, México y Sudáfrica.

El diseño metodológico puede caracterizarse como una aplicación práctica del concepto "punto de partida para la investigación" de Dorothy Smith, quien afirma que los investigadores necesitan tener en cuenta las actividades desarrolladas desde la vida cotidiana, así como la existencia corporal (Smith, 1987). De acuerdo con esta perspectiva, los investigadores necesitan reconocer el contexto social en el que sus experiencias se producen y adoptar un enfoque sistémico de las relaciones dominantes a través de las cuales se organiza la vida cotidiana, pues estas últimas conectan a todos los miembros de la sociedad; a partir de este reconocimiento se puede establecer un "punto de partida superior" desde el cual se puede producir conocimiento.

En todos los casos, la perspectiva constructivista fue el punto de partida que compartieron los veintiún miembros (trece hombres y ocho mujeres) del proyecto, en tanto que consideran que las sexualidades –sean vistas como prácticas o como discursos– son el resultado de complejas interacciones sociales, culturales, políticas y económicas.

De este modo, se apuntó hacia la contextualización de los Estudios sobre Sexualidades en un ambiente local (político, cultural y social) que exceda a las universidades. El diálogo y el intercambio de experiencias entre los equipos dieron lugar tanto a la inclusión de métodos cuantitativos como cualitativos, y posibilitaron la expansión de horizontes acerca del entrelazamiento de unos con otros, con sus respectivas ventajas o desventajas de uso, en los diferentes contextos locales.

Una vez establecidos estos criterios, se iniciaron los viajes de trabajo y el intercambio epistolar entre los académicos participantes. Debido a que los equipos se encontraban en tres continentes, la estrategia de comunicación del proyecto fue más allá de la integración de equipos con profesionales de alto nivel y de las reuniones cuidadosamente planeadas, pues se requería de una comunicación efectiva y permanente entre y dentro de los equipos. Para ello se contrataron a expertos en comunicaciones y escritura capaces de desarrollar plataformas virtuales. La plataforma virtual del proyecto resultó ser un espacio transnacional donde se llevaron a cabo las conversaciones, se almacenaron documentos de consulta y se editaron los documentos finales. De este modo, a través del proyecto se generó una herramienta metodológica inédita en el campo, que mostró cómo la tecnología es un recurso indispensable para la comunicación transcontinental. Adicionalmente, se llevaron a cabo reuniones regionales e internacionales al menos una vez al año mientras que duró la investigación.

Seis categorías fueron el núcleo de los intercambios de cada equipo de investigación: a) el concepto de sexualidad / sexualidades; b) la definición del objeto de estudio; c) el enfoque pedagógico; d) el modo en que la sexualidad se articula con el género; e) la promoción o la falta de promoción de los derechos sexuales; y f) las variaciones metodológicas en cada país según sus articulaciones interdisciplinarias, así como su experiencia en el uso de las metodologías cualitativas *versus* las cuantitativas. Se exploraron distintas disciplinas, desde las Humanidades y las Ciencias Sociales hasta la Salud Pública, una exploración que le confirió un sentido y un alcance mayor a la noción de constructivismo.

A partir de la identificación de los intereses y los acuerdos metodológicos, cada uno de los equipos aplicó diferentes métodos de investigación: Argentina realizó grupos focales con académicos/as, búsquedas web de cursos y programas de estudio, encuestas a estudiantes y entrevistas individuales con profesores y directores de programas; Chile también utilizó búsquedas web, aplicó entrevistas para recrear historias de vida, trabajó con grupos focales de estudiantes y docentes y realizó entrevistas individuales al personal directivo; China hizo entrevistas individuales a personal directivo, estudiantes y maestros en cifras que superaban los cientos, por lo que puede decirse que aplicaron una metodología mixta; México realizó búsquedas web de cursos, facilitó la elaboración de autobiografías de docentes, trabajó con grupos focales de alumnos y docentes y con entrevistas individuales con directivos; Sudáfrica utilizó la autobiografía y las búsquedas web, así como entrevistas con directivos.

En la práctica, la aplicación diferencial de metodologías permitió que cada país construyera un terreno intelectual alimentado con sus propias preocupaciones, aunque en diálogo con las inquietudes generales del proyecto. Cada equipo nacional logró contextualizar sus prioridades y de este modo mejorar las acciones necesarias para consolidar su campo, ya fuera a través de los aprendizajes derivados de la investigación propia o bien del intercambio con otros equipos. Si bien los proyectos de corte participativo tienden a enfatizar los aspectos comunes, en nuestro caso se establecieron las diferencias que se buscaban explorar desde un principio.

Discusión y conclusiones

Por largo tiempo, la enseñanza de las sexualidades en el Sur ha seguido el curso señalado por los debates del Norte. Para contrarrestar esta tendencia y con el fin de propiciar acciones tales como la renovación curricular y la innovación pedagógica, equipos integrados por cinco países y con una coordinación internacional basada en México emprendimos una investigación de mediano plazo acerca de las dimensiones institucionales de la investigación y la enseñanza sobre sexualidades en contextos del Sur. Una conclusión a destacar es que si bien la investigación local ha aportado importantes claves que sustentan los debates globales, esta todavía es invisible a una escala global y por tanto no ha podido impactar en los debates globales, ni ha participado en el establecimiento de un nuevo canon.

Para tomar distancia de esta posición subordinada fue necesaria la construcción de un consorcio de investigadores e investigadoras asentados en el Sur con la finalidad de discutir estrategias para perfeccionar habilidades en la enseñanza y la investigación. Nos comprometimos con una estrategia de investigación Sur-Sur, basada en discusiones internacionales sistematizadas, la cual ha resultado en una de las contribuciones más importantes del proyecto, que es comprender el campo científico de las sexualidades dentro del Sur desde diferentes puntos de vista metodológicos.

Un producto claro de entablar una investigación acompañada de interacciones sistemáticas fue el generar una nueva visión de la internacionalización o globalización del campo, definida como el fortalecimiento de redes académicas. Estas trabajaron –y continúan haciéndolo– en dirección de promover una institucionalización flexible, que también ha servido para el mejoramiento de las carreras académicas de los equipos involucrados, la creación de nuevas compilaciones, programas binacionales de cooperación académica, el intercambio de metodologías o el desarrollo de artículos y libros conjuntos. En vista de que las fundaciones internacionales han tenido un rol clave en construcción de los Estudios sobre Sexualidades en los contextos locales, surge la pregunta acerca de cómo esta área de conocimiento podrá fortalecerse en los años por venir en ausencia de este tipo de apoyo. En otras palabras, ¿estarán ya dadas las condiciones para que las instituciones locales se comprometan con los programas académicos sobre sexualidades, en particular si éstos retienen una conexión significativa con las transformaciones sociales y de los códigos morales?

En la práctica, encontramos que uno de los factores que influyen de manera más importante en la oposición a la construcción de una agenda académica basada en la innovación curricular es que se privilegia la enseñanza tecnológica. Ello debido a que se espera que genere individuos capaces de insertarse en el mercado laboral. Paradójicamente, se podría argumentar que los Estudios sobre Sexualidades pueden ofrecer información importante con múltiples aplicaciones a nivel profesional, como quedó de manifiesto en el proyecto, que constituye un ejemplo de cómo los debates sobre sexualidades pueden ser un nuevo campo de conocimiento en el que se pueden insertar los investigadores de América Latina, Asia y África. Los Estudios sobre Sexualidades abren la posibilidad de llevar a cabo intercambios entre académicos con investigaciones similares o incluso con personal directivo de las instituciones de educación superior.

Para dar respuesta a este desafío, es claro que la institucionalización es un tema sobre el cual debe continuar la discusión. Al respecto, vale a pena subrayar que la posición ocupada por los miembros del equipo en el sector académico explica también porqué la "institucionalización" permanece como un interés secundario: muchos miembros del proyecto se enfocaron, desde el inicio de sus carreras, en la construcción de nexos fuera de la academia, explorando y tomando parte en estrategias para construir un campo solo como una cuestión personal y dejando para después el explorar estrategias "desde arriba" o las vinculadas "desde abajo".

Derivado de lo anterior, no es difícil concluir que el compromiso que se asume con el estudio de las sexualidades pocas veces redunda en ascensos y promociones; por el contrario, frecuentemente se traduce en el establecimiento de un liderazgo de académicos "veteranos" y raramente en el reconocimiento de los méritos en el mediano plazo. Por lo mismo se crean paradojas en torno a esta dificultad innata del campo, pues solo se vincularían al mismo aquellas personas que estén altamente motivadas o aquellas que se muestren dispuestas a subordinar su visión a las condiciones dominantes, reduciendo así la capacidad de transformar el campo. En cualquiera de los casos, resultará difícil contar con los elementos para avanzar en el arraigo institucional.

Pese a lo anterior, y como resultado de la investigación, es posible concluir que la institucionalización de las sexualidades está compuesta por diferentes estrategias, que van desde la oferta de nuevos cursos hasta la inserción de temas de sexualidades en la currícula, y ocasionalmente en el desarrollo de estrategias dirigidas a impactar a los dirigentes académicos y políticos.

Otro producto de la existencia de los Estudios sobre Sexualidades es que permite a los académicos articular identidades beneficiando particularmente a los y las estudiantes, ya que puede ser difícil aun para los/as académicos pero más todavía para los directivos articular identidades o discursos que trasciendan las normas. Como se interroga Jane Benett (2005), si las instituciones de educación superior son pieza clave para la construcción de las normas genéricas, ¿qué necesitamos comprender y qué acciones debemos sumar a fin de aumentar las oportunidades para deconstruir las normas genéricas de las sexualidades? Y especialmente, ¿cómo avanzar hacia una nueva comprensión de las sexualidades que involucre la diversidad racial, de clase, de capacidades y, más importante todavía, qué es lo que puede aportar al cambio social?

Referencias bibliográficas

Bennet, J. (2005). "International Research Project on Pedagogies of Gender and Sexuality in Higher Education: South Africa". En *Plataforma Virtual E:seo*. Acceso 2 de Agosto de 2009, http://campus.eseo.cl/archivos.cgi?wAccion=vergrupo&wIdGrupo=4975

Collins, P. (1990). *Black Feminist Thought: Knowledge, Consciousness, and the Politics of Empowerment*. Boston, Estados Unidos: Unwin Hyman.

De Vault, M. (1996). "Talking Back to Sociology: Distinctive Contributions of Feminist Methodology". En *Annual Review of Sociology*, 22, 29-50.

Escorcia Caballero, R.; Gutiérrez Moreno, A. y Henríquez Algarín, H. (2007). "La educación superior frente a las tendencias sociales del contexto". En *Educación y Educadores*, 10 (001), 63-77.

Knight, J. (2003). *GATS, Trade and Higher Education: Perspective 2003 - Where are we?* Londres, Reino Unidos: The Observatory on Borderless Higher Education.

Sandoval, C. (1991). "U.S. Third World Feminism: the Theory and Method of Oppositional Consciousness in the Postmodern World". En *Genders*, 10 (Spring), 1-24.

Seidman, S.; Fisher, N. y Meeks, C. (2006). *Handbook of the New Sexuality Studies*. Nueva York, Estados Unidos: Routledge International Handbooks.

Smith, D. (1987). The Everyday World as Problematic: A Feminist Sociology. Boston, Estados Unidos: Northeastern University Press.

Investigar pedagogías sobre sexualidades en la educación superior en Sudáfrica

Jane Bennett - Vasu Reddy

En los últimos diez años, diferentes intereses de investigación han impulsado a reflexionar sobre el contexto africano a quienes se ocupan del "activismo de género" en este continente. Los debates sobre la importancia de incorporar a los programas de trabajo y las políticas públicas las miradas feministas sobre las construcciones de género, articuladas con las diversas teorías sobre la sexualidad, dieron como resultado un número significativo de publicaciones y conferencias. Las primeras décadas de investigación y activismo feminista post-1975, se centraron en modificar las condiciones materiales de opresión de las mujeres en los contextos africanos, priorizando la representación política y el acceso a recursos (como tierra, educación y cuidado de la salud reproductiva). En la indagación sobre la violencia basada en el género emergieron las temáticas de cuerpo y sexualidad, pero raramente fueron abordadas de manera focalizada.

Esto ha cambiado desde la década de 1990. La combinación de 1) políticas públicas y un amplio trabajo de *advocacy* en la prevención del VIH/Sida, 2) el reconocimiento de que las políticas públicas a menudo fracasan por la inadecuada comprensión de las formas en que la sexualidad, la cultura y la identidad organizan las posibilidades de "adoptar políticas" en diferentes contextos, y 3) el creciente interés en la ciudadanía sexual dentro de las democracias emergentes, ha llevado a un mayor compromiso con las cuestiones de género y sexualidad.

Este compromiso se ha hecho visible en diversas esferas: se han formado nuevas ONGs para llevar adelante proyectos educativos y de políticas públicas; se han iniciado reformas vinculadas a los derechos sexuales y la ciudadanía sexual; en las discusiones sobre pobreza y desarrollo han ganado importancia los debates acerca del significado de la globalización para el tráfico y la trata de personas; y se han desarrollado nuevos programas de investigación enfocados específicamente en las sexualidades en los contextos africanos. Dichos programas han sido explícitos sobre la necesidad de adoptar una perspectiva que dé cuenta de la visión colonial y exotizante de la antropología occidental previa (Arnfred, 2004) y que se comprometa a diseñar abordajes capaces de imaginar un conocimiento continentalmente indígena y políticamente trasformador.

También ha habido un sostenido interés en dar cuenta de la ubicación y la importancia de las instituciones de educación superior a lo largo del continente. Integrar los desafíos de las dinámicas de género en los debates sobre educación superior a nivel continental (analizando temas de globalización, reforma académica, acceso a la educación, ciudadanía y nacionalismo), fortalece el discurso sobre género, epistemología y educación superior. El campo de las sexualidades constituye una de las áreas de investigación más complejas y poco indagadas. Al comienzo de nuestro trabajo se sabía muy poco sobre cómo se da la investigación y la enseñanza de sexualidades en la educación superior, en las distintas disciplinas y en los diferentes contextos africanos.

La invitación de Adriana Ortiz-Ortega a integrar un proyecto en que cinco países analizan la interacción entre educación superior, sexualidades y género, con énfasis en la enseñanza, nos dio la oportunidad de conceptualizar un abordaje para entender cómo interactúan las pedagogías de educación superior con las prioridades de Sudáfrica en el campo de las sexualidades y el género (como la epidemia del VIH/Sida) y con otros temas de menor atención política y mediática en nuestro país (como los derechos de las personas que trasgreden la heteronormatividad). Estábamos interesados en mapear el terreno de las disciplinas involucradas con las sexualidades y el género en la educación superior en Sudáfrica, desarrollando una investigación introductoria sobre las formas en que se aborda su enseñanza.

El foco en la enseñanza fue elegido para destacar la importancia de la conexión entre las aulas universitarias y los ambientes fuera de ellas. La fuerte motivación para realizar este proyecto tuvo una doble razón. En primer lugar, las teorías sobre la historia y cultura de las instituciones de educación superior sugieren una naturaleza *abrumadoramente* patriarcal de las normas de los sistemas de educación superior africanos (y también a nivel global). Estas normas incluyen la forma de abordar el cuerpo, las identidades y las sexualidades en los programas de estudio, y la relevancia de dichos conceptos para las distintas disciplinas. Sin embargo, estas normas se negocian constantemente y han sido desafiadas, especialmente por las académicas y docentes feministas. Hay una necesidad de saber más acerca de cómo estos desafíos han trabajado cuestiones de pedagogía en Sudáfrica. ¿El discurso nacional sobre "igualdad de género" a nivel constitucional ha impactado de alguna forma en las representaciones sobre "mujeres", "varones" y sexualidades de los paradigmas en base a los que se "enseña" sobre el cuerpo a los jóvenes médicos, antropólogos, abogados, críticos culturales y economistas?

En segundo lugar, las teorías sobre la cultura de las instituciones de educación superior también plantean que mientras dichas instituciones sean un actor clave en la producción de la ciudadanía "profesional", construyen normas generizadas de la sexualidad (heterosexualidad), que enmarcan esa ciudadanía dentro de las nociones conservadoras de reproducción, moral sexual y respetabilidad. Cómo "enseñar género y sexualidad" desde ambientes que tienen un importante papel en la construcción de abordajes conservadores ha sido un tema de indagación en los sistemas de educación secundaria de algunos países africanos. En dichos países también hubo un fuerte interés –impulsado por el Estado– en los programas escolares de educación sexual (enfocados principalmente en temas de desarrollo físico, moral y salud) y un trabajo sostenido contra el acoso sexual, que permanentemente hace surgir temas de género, violencia y sexualidad. Sin embargo, muy poca investigación se centra en los sistemas de educación superior. Campos como la Demografía, Obstetricia, Ginecología, Salud Pública, Psicología y Derecho (para nombrar solo algunos) demandan un involucramiento pedagógico con temáticas de género y sexualidad.

La oportunidad de trabajar dentro de un equipo internacional nos llevó a diseñar un proyecto de investigación con varios componentes: a) la producción de una base de datos sobre el número de sitios de educación superior (departamentos, facultades e instituciones) en los que se tratan temas de género y sexualidad, los cursos y módulos disponibles, los programas curriculares, los recursos usados en dichos programas, y el grupo de académicos y académicas que actualmente da clase en esas áreas; b) el intercambio intensivo con los docentes acerca de sus principios y prácticas pedagógicas, su ubicación dentro de paradigmas disciplinarios específicos, contextos de enseñanza, ubicación política e historia; c) retroalimentación de los estudiantes de los diferentes sitios de enseñanza seleccionados, con el propósito de desarrollar una estrategia de investigación que descubra el significado de los cursos para su vida social, política y académica. Desde el comienzo reconocimos al proyecto como simultáneamente ambicioso e introductorio: no teníamos mayores expectativas que buscar las preguntas adecuadas para indagar el paisaje pedagógico sudafricano sobre "género y sexualidades" en la educación superior. En este artículo compartimos nuestro abordaje teórico y algunos de los hallazgos preliminares, como una forma de abrir el diálogo sobre pedagogías, género y sexualidad en la educación superior, tanto en Sudáfrica como a lo largo del continente.

Una introducción al contexto sudafricano

Durante los últimos 15 años, Sudáfrica ha atravesado cambios críticos en el terreno político. Se estableció como país en 1910, luego de un siglo y medio de conflicto militar entre varios actores: distintas naciones (como los amaZulu y los amaXhosa) luchaban para resistir la incursión de colonizadores de Gran Bretaña y (originalmente) Holanda (que estableció puestos en el extremo del continente en 1652), y, a su vez, existían conflictos entre diferentes grupos de colonizadores. Los afrikáners (descendientes de holandeses que 'indigenizaron' una versión creolizada del idioma holandés en afrikáans, aún hoy una de las lenguas de Sudáfrica) y los ingleses pelearon entre 1899 y 1901, en lo que se conoce como la Guerra Sudafricana. Poco tiempo después los cuatro territorios que cada uno había tratado individualmente de colonizar fueron consolidados como una Unión, bajo el control de los colonos sudafricanos afiliados a los ingleses. En 1948, el Partido Nacionalista –dominado por los Afrikáans– tomó el poder y transformó la agenda colonial británica de expulsar a los indígenas sudafricanos (de muchos grupos nacionales, como los amaXhosa, baSotho, siPedi, amaZulu, y otros) de sus tierras y quitarles influencia política y acceso a fuentes independientes de subsistencia y recursos, en un conjunto de políticas extremadamente duras conocidas como *apartheid*.

Las políticas de *apartheid* se basaron fundamentalmente en clasificaciones raciales de los distintos grupos poblacionales dentro del país (clasificaciones operativas en la administración colonial del territorio desde el siglo XVII) para consolidar el control de la mano de obra e instalar un sistema de "ciudadanía" sudafricana en el que solo aquellas personas clasificadas como "blancas" eran ciudadanos legales del país, con derechos políticos y económicos. Los restantes cuatro quintos de la población se volvieron ciudadanos formales de unos diez países *Bantustan* (o *homelands*), pequeñas islas cerradas dentro del territorio constituidas como "independientes", desde donde las personas solo podían buscar trabajo en "Sudáfrica" por medio de un sistema laboral barroco y rígidamente controlado.

Las consecuencias de estas políticas fueron devastadoras. Se generaron relaciones entre raza y clase que dividieron al país en realidades profundamente desiguales. La pobreza y marginalización de aquellos clasificados como "negros", "de color" o "indios" se acompañó de regímenes policiales y militares netamente racistas. Los clasificados como "blancos" disfrutaban de acceso a grandes oportunidades económicas, sistemas educativos y de salud competitivos y sofisticados, y eran fuertemente motivados a identificarse con contextos occidentales como marca de la cultura, el profesionalismo y el poder.

La resistencia al colonialismo y al *apartheid* ha sido una parte vital de la historia de Sudáfrica. Tal resistencia ha estado siempre ubicada en múltiples espacios, desde las narrativas de los "esclavos fugitivos" en el siglo XVII y los esfuerzos de los Khoi para crear un Estado separado bajo Adam de Kok, pasando por décadas de luchas organizadas de los trabajadores contra el Estado, hasta la formación de ejércitos clandestinos en los sesenta, setenta y ochenta.

A comienzos de 1990, una combinación de fuerzas (la presión internacional, el creciente colapso de las políticas del *apartheid* para sostener una agenda económica fuerte, la creciente fuerza del Partido Congreso Nacional Africano y su capacidad de resistir las brutalidades del Estado, la diversidad de la resistencia organizada contra el Estado tanto dentro como fuera del país) forzaron al Partido Nacionalista a sentarse a negociar una transición. En 1994, luego de una turbulenta fase de negociaciones, el control del Estado de *apartheid* fue formalmente asumido por el Partido Congreso Nacional Africano, y el país se embarcó en un camino completamente nuevo donde se suponía que todos los habitantes disfrutarían de las libertades de un estado democrático, y los regímenes formales e informales de discriminación que marcaron el pasado quedarían atrás.

El optimismo de 1994 no se tradujo en un cambio económico de largo alcance para los sudafricanos. El país continúa caracterizado por una profunda división de clase, todavía anclada en las políticas de racialización. Si bien hubo una importante reforma legislativa, especialmente en temas de género y sexualidades, las normas continúan siendo en su mayoría conservadoras, particularmente fuera de las áreas metropolitanas. A medida que aumentan las tensiones económicas (sobre todo ahora que Sudáfrica está completamente integrada a las políticas globales de regulación y desregulación del mercado) y los gobiernos posteriores al del Congreso Nacional Africano de 1994 se tornaron cada vez menos eficientes para atender las necesidades sociales de vivienda, servicios de salud, empleo y educación, la violencia ha escalado y la estabilidad política tambalea.

Los párrafos anteriores esbozan el escenario político de este artículo. Sin embargo, para contextualizar la investigación en el marco de las formas en que se enseña sobre sexualidades en la educación superior en Sudáfrica en

2007, también es importante presentar algo de la historia de las sexualidades y las dinámicas de género en el país.

El trabajo de Kopano Ratele, un psicólogo sudafricano que estudia masculinidades, abre la discusión sobre los vínculos entre la legislación durante el *apartheid* y las cuestiones de sexualidad diciendo: "Es un lugar común que el *apartheid* trató de gobernar la mayoría de los aspectos de la vida de las personas dentro de las fronteras de Sudáfrica. Es cada vez más aceptado que la política también apuntaba a regular, dirigir y moldear los elementos más íntimos de la vida de los sujetos" (Ratele, 1999: 56).

Su trabajo explora la conexión entre los intereses del *apartheid* en la racialización (la construcción del cuerpo como confinado –vía "genes familiares" y nociones arbitrarias de jerarquía– a un destino biológicamente apropiado dentro de las relaciones humanas) y la sexualidad. Su estudio ilumina las formas en que el aparato estatal del *apartheid* buscó organizar las posibilidades "sudafricanas" para las interrelaciones humanas por medio de la regulación explícita e intensiva de las vidas sexuales. Existían leyes sobre la prohibición de la actividad sexual "entre razas" (basada en legislación anterior a 1948),[5] apuntaladas por aparatos legales masivos destinados a la clasificación racial y leyes como la *Reservation of Separate Amenities Act* (1953) que "reservaba" espacios públicos (parques, playas, sectores de las carreteras, salas de espera, estaciones de autobús, bancos) para el uso exclusivo de un grupo racial particular.

La legislación del *apartheid* también tuvo un profundo –y aún incalculable– efecto en la sexualidad por medio de la organización racial del empleo, la vivienda, la educación, y

---

5   Prohibición de matrimonios mezclados, Acta 55 de 1949; esta ley tiene sus antecedents en una ley de 1927 conocida como Acta de Inmoralidad, que desaprobaba los vínculos sexuales interrraciales antes del matrimonio.

por la insistencia en que los "africanos" no eran ciudadanos legales de "Sudáfrica" sino de uno de los diez "territorios" ("*homelands*") –tierras principalmente rurales, del estilo de reservas, desperdigadas a lo largo de "la Sudáfrica *proper*"–. El trabajo migrante forzó a millones de hombres a alejarse de sus esposas durante la mayor parte del año y expandió el comercio sexual alrededor y dentro de los complejos de trabajo masculino (y en otros lados). La urbanización (un proceso constante de guerra legal y física entre el Estado y quienes buscaban vivir en zonas que no les pertenecían "legalmente") creó en las ciudades espacios segregados por raza, donde las culturas sexuales se desarrollaron independientes unas de otras.

En suma, el impacto de la legislación del *apartheid* en la sexualidad de los sudafricanos es poderoso. Sin embargo, también la resistencia al *apartheid* influyó las construcciones de masculinidad, feminidad, y las nociones sobre lo que constituían experiencias sexuales apropiadas y "liberadoras". Por ejemplo, las masculinidades "de lucha", según Thokozani Xaba (2001), alentaban la heterosexualidad abierta y visible de los varones jóvenes en nombre del compromiso por destituir el régimen. A su vez, el proceso de organización política (tanto dentro como fuera de las fronteras del país) implicó altos niveles de movilidad, comunicación, y eventuales conexiones "interraciales". La distancia entre aquellos activamente involucrados en "las actividades de lucha" y sus familias fue conscientemente creada como parte de la "ideología de lucha".

Isak Niehaus (2000) describe cómo los jóvenes camaradas en KwaZulu-Natal, a principios de los años ochenta, radicalizaron las normas sociales de las escuelas donde los profesores acosaban a estudiantes, insistiendo en una mejor "disciplina sexual", oponiéndose a la interrupción de embarazos y fomentando altos niveles de actividad heterosexual entre los camaradas y las mujeres jóvenes.

En los debates contemporáneos sobre masculinidades, el *apartheid* (especialmente sus políticas de trabajo migrante forzado, de vivienda según raza, y sus violencias sistémicas y multiniveles) es considerado el río fétido en el que se origina la putrefacción de la violencia sexual que ejercen los hombres hoy en día. Lo que tal argumento ignora (entre otras cosas) es que las masculinidades entre las décadas de 1950 y 1990 se formaron tanto en resistencia al *apartheid*, como por el propio *apartheid*. Si bien algunas memorias y escritos reflejan cómo la autodefinición de las masculinidades de la resistencia dependía de nociones de acceso sexual a las mujeres como parte del heroísmo, otras fuentes (biografías y autobiografías) hablan de masculinidades capaces de diferir el deseo de gratificación heterosexual personal, priorizando las habilidades políticas de las mujeres –más allá de su significado de "objetos sexuales"– y soñando con la equidad de género.

En los debates sobre sexualidades y género en Sudáfrica post-1994, los significados de "masculinidad" y "feminidad" están intensamente cuestionados. La negociación de sus significados se entrecruza con las dinámicas de pobreza y desempleo crecientes, yuxtapuestas con los esfuerzos del gobierno para facilitar el acceso de la población a nuevas oportunidades educativas y profesionales, y con nociones culturales globalizadas sobre las identidades de género deseadas. En Sudáfrica, a pesar del lenguaje político en torno a la equidad de género (desde 1994) y de la formación de aparatos estatales para monitorear y respaldar medidas que apuntan a fortalecer política y socialmente a las mujeres (especialmente a las mujeres negras), existe una feroz hostilidad de género y una sensación de inestabilidad poderosa –tal vez muy valiosa– de las normas de "género". Las dinámicas de género continúan siendo negociadas en íntima relación con la racialización y con realidades basadas en desigualdades de clase social. En nuestra propia universidad, en Ciudad del Cabo, los debates sobre la identidad surgen de manera apasionada y confusa en las clases con varones y mujeres jóvenes. Por un lado, el discurso de la "equidad de género" está vivo en distintos sectores de Sudáfrica (y con diversos efectos); por otro lado, la violencia basada en el género (violaciones, violencia doméstica, ataques sexuales a niños y niñas) está por todas partes y transmite un mensaje a las mujeres sudafricanas sobre su vulnerabilidad e impotencia política. Dada la centralidad para la sexualidad de "devenir generizada", estas dinámicas deben ser consideradas en nuestro análisis.

El segundo tema que tiñe cualquier indagación de la sexualidad en Sudáfrica hoy es la prevalencia del VIH y el número de personas que mueren de Sida. La Conferencia sobre VIH/Sida en Durban renovó el debate acerca de la cifra exacta de personas viviendo con VIH en el país, y qué predicen estos números. Las construcciones de género en Sudáfrica han afectado a la epidemia del Sida de maneras muy complejas. En los últimos años, las feministas y activistas de género sudafricanas han puesto energía en cambiar los discursos públicos sobre la transmisión del virus y el significado de "vivir siendo positivo", dominados por las interpretaciones médico-legales, hacia el reconocimiento de las realidades sociales que afectan la vida de hombres y mujeres como la "causa" fundamental de la crisis actual (Cornell, Reid y Walker, 2004).

Actualmente se reconoce en muchos ámbitos que la mayoría de las mujeres sudafricanas no tienen suficiente poder en la negociación de las relaciones sexuales heterosexuales como para crear condiciones "de seguridad" para ellas mismas y sus parejas. Esto ocurre especialmente en mujeres pobres, tanto en las áreas rurales como en los asentamientos informales de las ciudades. También existe un creciente reconocimiento de las maneras en que el aumento de la pobreza está transformando la sexualidad en un terreno de transacciones donde todos los actores son vulnerables a la mercantilización –quién compra y quién vende, qué se define como contextualmente vulnerable a la "volatilidad del mercado", etc.–.

Investigaciones recientes (Reid y Walker, 2005) muestran que todavía la mayoría de los varones sudafricanos –especialmente los jóvenes– son presionados para desarrollar masculinidades heterosexuales creíbles, a través del despliegue de conocimiento, deseo y vínculos heterosexuales. Los sudafricanos de 15 a 24 años están familiarizados con la ruinosa fórmula ABC (abstinencia, fidelidad, y uso de condones, por su sigla en inglés: *Abstinence, Be faithful, Condoms*), pero hay escasa evidencia acerca de que la necesidad de transformar radicalmente las formas en que se vive la sexualidad se haya incorporado a la conciencia nacional como una prioridad política. Lo que sí está incorporado en nuestra conciencia es la sensación de que nuestros amigos, familiares y niños se están muriendo; que millones de personas están siendo afectadas –económica, cultural y socialmente– por esas muertes; y que no hay ninguna perspectiva de retorno a un terreno en que la experiencia sexual y reproductiva no esté atravesada por el significado del VIH.

Un último tema a señalar en este bosquejo sobre las sexualidades y las dinámicas de género en el contexto sudafricano contemporáneo, es que la Constitución Nacional prohíbe la discriminación por orientación sexual. Esta prohibición fue incluida en medio del clima de horror político por las implicancias de permitir que la discriminación fuera plataforma de acceso a la ciudadanía, un horror en el que Sudáfrica vivió durante siglos antes de que se redactara la Constitución de 1996. Sin embargo, la sabiduría de esta postura no se traduce de ninguna manera en una amplia aceptación social de la homosexualidad, ya sea a nivel religioso o cultural.

Durante largo tiempo las feministas argumentaron que la heterosexualidad necesita ser estudiada como una institución política, especialmente por aquellos individuos que se sienten, en su experiencia personal, los precursores de "una nueva relación entre los sexos" (Rich, 1979). Esta frase nos habla de la necesidad de examinar las formas en que las sexualidades son organizadas socialmente de manera tal que ciertos deseos, comportamientos e identidades son criminalizados, estigmatizados o medicalizados. Resulta indispensable develar las conexiones entre heteronormatividad, sexualidades y discriminación, de manera que las experiencias de lesbianas y gays puedan ser iluminadas. No obstante, también es importante comprender que la heterosexualidad no es una experiencia homogénea.

Una forma de examinar la heterosexualidad como institución política es explorar los matrimonios como instituciones legales y culturales. El matrimonio es una de las relaciones contractuales más poderosas en términos de acceso a la ciudadanía. En Sudáfrica, las opciones de matrimonio actuales incluyen: a) Matrimonio Civil: en 1961, Ley Sudafricana de Matrimonio (y en 1997 Extensión de Ley de Matrimonio); b) en 1998, Ley de Reconocimiento de Matrimonio Consuetudinario; c) en 2001, Ley Personal Musulmana (reconocimiento de los matrimonios como contratos civiles).

Así, los debates acerca del matrimonio entre personas del mismo sexo en Sudáfrica se han desarrollado en un contexto de nuevos discursos sobre el significado del matrimonio. En noviembre de 2006 el Parlamento Sudafricano aprobó la Ley de Unión Civil, que permite que personas del mismo sexo/género se casen en una unión civil: "La unión civil es la unión voluntaria de dos personas mayores de 18 años, solemnizada y registrada ya sea por medio del matrimonio o una sociedad civil." La ley establece que las autoridades religiosas pueden oficiar uniones civiles y también contempla el derecho de cualquier oficial (incluyendo autoridades religiosas) de negarse a celebrar uniones civiles por reparos de conciencia.

El debate de la ley en el Parlamento (y en otros lados) fue muy acalorado, y estuvo saturado de expresiones homofóbicas sobre el derecho de los no heterosexuales a existir (¡y ni hablar de su derecho a una ley de unión civil!), confusión, cuestionamientos, y declaraciones igualmente apasionadas en apoyo al derecho a uniones legales por parte de los/as activistas e individuos pro-LGBT. La ley fue aprobada por 230 votos contra 41 y es preciso subrayar que los miembros del Congreso Nacional Africano obligaron a sus diputados a votar de acuerdo con la postura favorable del partido.

A pesar de esta ley, Sudáfrica sigue siendo un país profundamente homofóbico donde las personas gay, lesbianas y transgénero enfrentan estigma, discriminación y violencia. Recientemente hubo una serie de asesinatos de hombres y mujeres (aunque no todos, en su mayoría jóvenes y negros) que eran públicamente gays o lesbianas, que recibieron amplia cobertura mediática, pero muchos otros casos similares no tomaron estado público.

Por lo tanto, es complejo y poco lineal el escenario en el cual los sudafricanos deben discutir sobre sexualidades y género en instituciones de educación superior. La legislación progresista sobre el acceso a la interrupción del embarazo, protección contra violencia doméstica, criminalización de múltiples formas de abuso sexual (incluyendo el acoso sexual), y sólidas leyes antidiscriminatorias establecen un compromiso del Estado con los derechos sexuales y reproductivos. Sin embargo, las realidades del medio están dominadas por fuertes inequidades de clase, acceso radicalmente desigual a los recursos y al ejercicio de los derechos, la naturalización de la violencia sexual como forma de resolución de conflictos y tensiones, un creciente conservadurismo alrededor de los discursos sexuales y de género (con frecuencia apoyados en argumentos religiosos o culturales), y la integración de los sudafricanos a los mensajes mediáticos occidentales en los que las sexualidades violentas son un tema común de las imágenes de músicos, masculinidades y poder.

Con estas consideraciones como puntos de partida, comenzamos a mapear qué estaba disponible para los estudiantes universitarios sudafricanos como "educación en sexualidades y género" a través de tres distintas rutas: a) búsqueda intensiva en Internet; b) recolección y codificación de catálogos académicos (listados de cursos ofrecidos en todas las disciplinas en las diferentes facultades); y c) comunicación con docentes de diferentes universidades y disciplinas dispuestos a facilitarnos sus programas, contactarnos con otros profesores e indicarnos espacios de enseñanza que no aparecieran en Internet o en los catálogos académicos. Dado que nuestro equipo era pequeño, desde el inicio fuimos conscientes de nuestros límites (no íbamos a lograr nada "exhaustivo") y sabíamos que la información recogida debería ser tratada con el mayor cuidado posible.

¿Qué se enseña y dónde? Las universidades sudafricanas y la enseñanza de género y sexualidades

Entre los años 2003 y 2005, la educación superior en Sudáfrica atravesó una fuerte reestructuración para enfrentar algunos de los desequilibrios causados por el legado del *apartheid*, que segregaba las oportunidades educativas en todos los niveles según la clasificación racial y destinaba recursos de acuerdo con la priorización racial de los campus universitarios. Según el Estado, la educación superior en Sudáfrica está siendo reestructurada para "erradicar las duplicaciones raciales creadas bajo el *apartheid*, reducir los costos, mejorar la eficiencia del sector y construir mejores y más fuertes instituciones capaces de producir mejores egresados." Esta transformación dará lugar a un sistema "equitativo en la distribución de sus recursos y oportunidades, sustentable académica y económicamente, y productivo, es decir, que pueda satisfacer más efectivamente las necesidades de enseñanza, habilidades e investigación de Sudáfrica" en palabras de Kader Asmal, Ministro de Educación ente 1999 y 2004.

En todo el país hubo múltiples debates sobre la relación entre los efectos deseados de las fusiones entre instituciones y aquellos no buscados (como la falta de "apuro por fusionarse" en las universidades con mayores recursos). El número de instituciones públicas se redujo por medio de las fusiones y las incorporaciones afectando a la mayoría de las 36 instituciones más antiguas del país. Los cambios incluyen: a) la reestructuración de algunas instituciones (*technikons*), que anteriormente no ofrecían títulos de grado sino educación técnica y profesional terciaria, en "universidades" que otorgan títulos de grado; y b) la unión de campus universitarios en regiones geográficas similares pero con poblaciones muy distintas en términos de raza y clase. Para esta investigación se incluyeron solo las instituciones que ofrecían títulos de grado con anterioridad a las fusiones, ya que las universidades recientemente creadas con frecuencia aún tienen la dinámica organizacional de la fusión y no siempre está claro qué programas y departamentos deben conservarse y cuáles deben cambiar.

Actualmente existen 22 universidades en Sudáfrica, pero algunas provienen del viejo sistema del *apartheid* y mantienen su herencia del mismo (ya sea por haber sido privilegiadas –la Universidad de Witwatersrand y la Universidad de Ciudad del Cabo son dos de ellas– o por haber sido privadas de los recursos necesarios para afrontar el aumento masivo del alumnado –como la Universidad Walter Sisulu–). Otras son organizaciones completamente nuevas, creadas por medio de la unión y el cambio de nombre de dos instituciones educativas anteriormente existentes por separado. Por lo tanto, mapear la oferta de cursos dentro de una universidad fue una tarea en la que se podían fácilmente desconocer opciones dada la fluidez de la forma de cada universidad en particular.

La biblioteca de sitios de Internet disponibles fue una fuente variable de información, pero igualmente útil para empezar a mapear las facultades, departamentos, escuelas e institutos dentro de cada universidad. Los sitios de Internet de las universidades permitieron acceder a los de las facultades y departamentos, y en estos se rastrearon los títulos y diplomaturas que ofrecen cursos que integran género y/o sexualidad en sus currículas. Al inicio de la investigación supusimos que en ciertas facultades y departamentos no se dictarían temas sobre sexualidades (como en Agricultura, Ciencias Naturales e Ingeniería). De todas formas revisamos estas áreas y confirmamos nuestros supuestos.

Como parte de la búsqueda usamos las palabras "sexo", "sexualidad", "género", "masculinidad", "mujeres" y "feminidad" para identificar los cursos en los sitios de Internet. Dentro de las facultades de Medicina estos términos no fueron útiles, y en su lugar utilizamos "reproducción," "disfunción sexual," "salud materna," "ginecología", "enfermedades de transmisión sexual" y "salud sexual", para identificar las áreas de enseñanza a las que debíamos prestar atención. Los cursos registrados para los propósitos del proyecto fueron: a) cursos que hacían referencia explícita a "género" y/o "sexualidad" en el título o en la descripción del curso; y b) cursos que hacían referencia a tópicos relacionados a la sexualidad (como transmisión del VIH o embarazo adolescente). Una vez identificados los cursos no hicimos ninguna suposición acerca del abordaje de los programas o la forma en que las cuestiones de género y sexualidades podían estar conectadas entre sí. Simplemente buscamos tener una idea general de los puntos de entrada a través de los cuales los estudiantes sudafricanos pueden encontrarse con cuestiones relativas al cuerpo, los derechos o la salud, y las cuestiones más amplias de género y sexualidades.

Además de los cursos formales que se ofrecen a los alumnos matriculados, se registraron los cursos que forman parte de talleres y seminarios para profesionales dentro y fuera de la universidad como "cursos cortos". Éstos son ofrecidos por unidades o grupos de investigación que funcionan dentro de la facultad.

La búsqueda en los sitios de Internet nos permitió comenzar a mapear el espectro nacional de cursos que integran género y sexualidad en sus currículas, y luego se obtuvieron todos los catálogos universitarios que fue posible adquirir. Estos catálogos impresos listan las opciones formales disponibles para todos los estudiantes y generalmente contienen muchos más detalles que los sitios de Internet. Fue un proceso arduo que insumió gran cantidad de tiempo y, de todos modos, no se llegaron a conseguir todos los catálogos de las universidades. Finalmente, cuando nos enterábamos de que se estaba ofreciendo un curso relevante dentro de una universidad específica, contactábamos a los profesores por correo electrónico. Se elaboró una lista de contactos con el nombre del docente, título del curso dictado y el departamento y la facultad dentro de la que se ubica. En los casos en que no se disponía de la dirección de correo electrónico en el sitio de Internet, se llamó por teléfono a la universidad para solicitarla. Se envió una carta a cada contacto informando sobre la investigación y solicitando más información acerca de: a) el curso específico que habíamos identificado y que nos condujo hasta ellos; b) cualquier información sobre otros cursos o investigaciones sobre género o sexualidad en los que participen; y c) si conocían a otras personas dedicadas a estos temas dentro de la universidad a las que pudiéramos contactar. Al menos un contacto –y con frecuencia más de uno en cada universidad– fue invitado a participar en la investigación.

Nuestro mapeo a través de palabras clave en el título y la descripción del curso en los catálogos deja fuera los cursos (en cualquiera de las disciplinas) que proponen un análisis de género y/o temas de sexualidad sin que esto aparezca visiblemente en la superficie de la descripción del curso. Uno sobre "Historia del Holocausto" puede tranquilamente incluir un interés en las dinámicas de género en dicho fenómeno, o un curso sobre "Los medios africanos del siglo XX" puede abordar las representaciones sobre sexualidades, pero en ambos casos no accedimos a ellos con la estrategia decidida.

Aunque buscar "género y sexualidades" en las descripciones de los cursos oculta posibilidades más interesantes, utilizamos los datos que teníamos para "leer" como leería un estudiante que tiene interés en los temas de género y sexualidades: "¿Qué hay en el catálogo del programa de estudios que he elegido?" "¿Qué puedo encontrar en el sitio de Internet del departamento o la facultad si me interesa el tema de derechos sexuales, prevención del VIH, reparación psicomédica de la violación anal, deseo y psicoanálisis, la economía del trabajo sexual y el turismo?".

Varios hallazgos claves surgieron de esta búsqueda preliminar. En primer lugar, si bien era posible encontrar ofertas de cursos en casi todas las universidades estudiadas que tuvieran el término "género" (o "mujeres"), éstos en general eran muy pocos en comparación con el número total de cursos ofrecidos por las universidades, y fuertemente concentrados en los departamentos de Humanidades y Ciencias Sociales (amén de las currículas médicas sobre salud reproductiva, ginecología y obstetricia). Entre estos, aunque la variedad de disciplinas que incluyen cursos visibles sobre "género y…" era muy amplia, el término "sexualidad" aparecía con mucha menos frecuencia. Salvo algunas excepciones (como un curso de grado sobre "Sexo, Cultura y Sociedad" dictado por el Departamento de Antropología en la Universidad de Witwatersrand, un curso de especialización de posgrado sobre "Derechos Sexuales" dentro de la Escuela de Derecho de la Universidad del Free State, o un curso de la Unidad de Clásicos dentro de la Escuela de Lenguas de la Universidad de Ciudad del Cabo, "Sexo desde Sappho hasta Cyber"), los cursos que incluyen "sexualidad" en el título o en su descripción eran dictados en los departamentos de Estudios de Género o Estudios de las Mujeres. Solo encontramos un curso en la Facultad de Ciencias de la Salud que explícitamente nombraba sexualidades como un interés curricular (en la Facultad de Ciencias de la Universidad de Pretoria). En segundo lugar, a pesar de que los departamentos en general (excepto los de Estudios de Género o Estudios de las Mujeres) parecen incluir solo un curso de género y/o sexualidades, la variedad de departamentos y disciplinas abiertas a la consideración del género y las sexualidades fue muy amplia. A pesar de la escasez general de los cursos a nivel superficial (es decir, en el título y/o en la descripción), esto es muy alentador.

Para ampliar este punto, abordaremos brevemente la relevancia de los temas de género y sexualidades que dos disciplinas clave ofrecen a los estudiantes que ingresan en las universidades de Sudáfrica: Derecho y Ciencias de la Salud. En las facultades de Derecho, los temas de género y derechos están integrados en la currícula principalmente en los departamentos de Derecho Constitucional, Derecho Criminal, Derecho Privado y Derecho Público. La sexualidad aparece en algunos cursos de Derecho en relación con los derechos humanos (particularmente derechos sexuales y reproductivos), pero este no es un abordaje muy difundido en las descripciones de los cursos, y para saber si los profesores se aproximan a estas cuestiones de acuerdo a las teoría contemporáneas del derecho, el género y las sexualidades se requiere mayor investigación.

También dentro de las Ciencias de la Salud hay evidencia de que las cuestiones de género y sexualidades se dictan al interior de los siguientes departamentos: Enfermería, Obstetricia y Ginecología, Urología, Salud Pública, Salud Familiar y Comunitaria. A partir de las descripciones de los cursos y las entrevistas con los docentes médicos de cuatro universidades, vemos que los enfoques biomédicos y de desarrollo dominan la enseñanza de género y sexualidades ofrecida en las Ciencias de la Salud. Con pocas excepciones, la sexualidad se enseña como "reproducción" u ocasionalmente en relación con la juventud "en riesgo" o "disfuncional", y se dicta mayormente separada de los temas de género (por ejemplo, género como relaciones de poder y como acceso a los recursos médicos, análisis de género para sistemas de administración de salud, género y epidemiología). Donde existen cursos innovadores en "Género y Salud," como el que ofrece el Departamento de Salud Pública de la Universidad de Ciudad del Cabo, casi no hay foco en los temas de sexualidades.[6]

Los departamentos de Obstetricia y Ginecología también enseñan cuestiones de sexualidades (femeninas) e incluyen cursos en salud reproductiva de las mujeres, salud sexual y reproductiva, salud materno-infantil, riesgos

---

[6]   Algunos programas de grado combinan cursos de diferentes disciplinas (por ejemplo, salud comunitaria, sociología de la salud) con cursos médicos sobre reproducción sexual y salud, generando un abordaje más holístico de la sexualidad y la salud que un análisis de género. Esto se observó en algunos programas de Enfermería, donde los cursos de salud reproductiva con un abordaje biomédico de la sexualidad se integran con cursos que aportan la visión de los determinantes sociales de la salud y la enfermedad.

asociados al embarazo y anticoncepción. Se identificaron cursos dictados en las facultades de Ciencias de la Salud que suponíamos que incluían una visión de género, pero en los que el término género no se menciona en la descripción (estos cursos incluyen: atención primaria de la salud y el contexto social de la enfermedad; factores socioeconómicos que influencian las conductas en salud, las inequidades y la distribución de los recursos en salud). Otros temas que se enseñan en estas facultades fueron: inequidades de género en la salud y en la atención de la salud en Sudáfrica; desarrollo de políticas de salud para la equidad de género; y género en relación a enfermedades infecciosas como tuberculosis e infecciones de transmisión sexual incluyendo VIH/Sida, y las implicaciones para el desarrollo de los sistemas de salud (Universidad Limpopo). En múltiples aspectos, los cursos de Ciencias de la Salud presentan un enorme potencial para analizar críticamente las relaciones de género y ofrecer una comprensión sofisticada de las sexualidades. A esta altura, resulta obvio que toda el *expertise* intelectual y práctica introducida a través de las Ciencias de la Salud tienen un gran potencial para una educación sobre género y sexualidades, a pesar de la actual orientación positivista y biomédica de los programas curriculares.

Una de las conclusiones de este relevamiento inicial de cursos es que, pese a la potencialidad de los temas de género y sexualidades para formar parte de una amplia variedad de currículas, nuestra búsqueda sugiere que esto ocurre en escasos departamentos. Con excepción de los sitios de Internet de áreas interdisciplinarias como Estudios de Género o Estudios de las Mujeres, y cursos aislados de Antropología Social, Salud Comunitaria, Educación o Psicología, la búsqueda no dio cuenta de un rico reservorio de teoría, conocimiento e investigación aplicada, que nutra las currículas de grado y posgrado en Sudáfrica en temas de género y sexualidades como una cuestión de alfabetización política y social.

Más allá del mapeo inicial

Tal como se ha señalado, la metodología utilizada para iniciar nuestra exploración sobre cómo se enseña en las universidades a los estudiantes sudafricanos acerca de género y sexualidades aportó solo un bosquejo sobre las oportunidades pedagógicas, desafíos, paradigmas y filosofías en juego. Para aproximarnos en mayor profundidad a la cuestión, el equipo de investigación se movió de la búsqueda en sitios de Internet y catálogos al campo más rico de conversaciones con docentes que dictan cursos que tratan temas de educación en género y sexualidades desde diferentes perspectivas disciplinares y teóricas. Utilizamos una variedad de métodos: entrevistas, el desarrollo de piezas autobiográficas en profundidad de pedagogías puestas en práctica, análisis de las currículas, y un pequeño taller nacional en el que se reunieron 16 docentes durante dos días de discusión sobre las pedagogías de género y sexualidades en el contexto contemporáneo sudafricano. A continuación presentamos algunas observaciones que emergieron del análisis de 37 entrevistas en profundidad con docentes de ocho universidades distintas, que corresponden a seis amplios campos disciplinares: Educación, Derecho, Ciencias de la Salud, Ciencias Sociales, Arte y Comercio (solo una entrevista se realizó en Comercio, en Rhodes University, donde se daba un curso sobre sexualidad y organización).

La complejidad de enseñar sexualidades y género fue el hilo conductor de todas las entrevistas, independientemente de la disciplina. Esto se relacionó directamente con la prevalencia del VIH/Sida en el país, y la preponderancia de "cultura" como un término a través del cual se negocia el derecho a hablar sobre cuestiones de género y sexualidad. Los debates políticos nacionales sobre políticas públicas y tratamientos para el VIH crean discursos dentro de los cuales docentes e investigadores/as operan como en territorios pre-escritos. Enseñar sobre sexualidades en la Sudáfrica contemporánea es enseñar sobre el VIH y el Sida y ser interpelado dentro de discursos políticos restrictivos.

Cuando las y los docentes se toman seriamente las políticas de género en la construcción de sexualidades, con frecuencia es porque se autoidentifican como feministas o están interesados/as en el feminismo. Esto no siempre significaba que dieran clase en áreas de Estudios de Género o Estudios de las Mujeres (solo dos entrevistados/as pertenecían a dichas áreas), sino más bien que se ubicaban personal y profesionalmente en relación al activismo político sobre temas de salud y derechos reproductivos, violencia basada en el género, derechos de personas lesbianas y gays, acceso de las mujeres a espacios políticos y educativos, entre otros temas. Estas posturas por lo general se arraigaban en muchos años de trabajo fuera de la academia y estaban en sintonía con las teorías sobre el despliegue patriarcal, capitalista y/o colonial de las políticas sexuales en el control de los cuerpos y las vidas de las mujeres. La mitad de las personas entrevistadas no vio la necesidad de concentrarse en las dinámicas de género como un prerrequisito para entender las sexualidades.

Aunque 13 de los 16 docentes de Ciencias de la Salud tenían historias académicas y personales de activismo feminista, 14 de 16 abordaron la enseñanza de sexualidades principalmente desde un modelo biológico, focalizándose en la construcción anatómica y bioquímica del cuerpo, las implicancias de ese diseño con respecto a la vulnerabilidad a las enfermedades o las "disfunciones", el acceso al tratamiento, y la integración de la "salud sexual" en el bienestar general. Todos/as estos/as docentes reconocieron que las cuestiones de placer sexual, orientación sexual, deseo e identidades raramente figuraban en sus currículas.

De los 37 entrevistados, 33 destacaron su sobrecarga de trabajo como docentes, y discutieron las implicancias de esta sobrecarga con respecto a sus tareas de investigación (y en algunos casos con respecto a su activismo social fuera de la universidad). Dependiendo de la disciplina, las clases se describieron como "repletas", "muy demandantes", "extenuantes" y, más allá de su compromiso con la enseñanza, los estudiantes fueron descriptos como "muy poco preparados", "luchando para poder salir adelante", "necesitados de más atención de la que yo puedo dar". Esta impresión no se relacionaba específicamente con las currículas de género y sexualidades sino que refería a los ambientes de enseñanza en los que suele haber más estudiantes por clase de los que se puede acomodar, algunos de los cuales han tenido una educación secundaria pobre o mediocre, y muchos de los cuales se manejan con inglés como segunda lengua. Los comentarios de la sobrecarga también dan cuenta de las tensiones de las propias instituciones: muchas enfrentan falta de recursos, un abordaje crecientemente empresarial de la educación (que considera el "rendimiento" y el "ingreso" como cuestiones de subsidios económicos, en vez de considerarlas cuestiones educativas) y contextos políticos difíciles.

Existen diferencias radicales en el abordaje de las sexualidades según disciplina. La división entre enfoques médico/constructivista social es solo una de muchas, aunque tal vez la más influyente; los antropólogos sociales hablaron de abordar las sexualidades por medio de teorías sobre redes y la importancia simbólica de los fluidos corporales; los críticos culturales mencionaron las identidades como lente principal; los sociólogos se enfocaron en las intersecciones entre construcción de clase, intercambios y las políticas de trabajo y migración; el único profesor de Derecho entrevistado aborda las sexualidades a través de los marcos internacionales de derechos humanos y los debates nacionales sobre derecho consuetudinario y constitucional (por ejemplo, los debates sobre leyes de matrimonio y herencia). En cada uno de estos abordajes operan diferentes cánones de autoridad.

Dentro de los diseños curriculares de los docentes se dan relaciones muy diferentes entre los debates "Nor/ Occidental" y "Africano y Sudafricano". Una minoría desarrolla una currícula basada en la investigación indígena sobre sexualidades y género (incluyendo material desarrollado por ONGs) y contextualizada dentro de los debates continentales; sin embargo, la mayoría demanda que los estudiantes se ubiquen a sí mismos dentro de la literatura Nor/Occidental sobre sexualidades y género en su disciplina. La mayoría de las currículas universitarias en Sudáfrica sigue estando dominada por textos de Estados Unidos, Europa y (ocasionalmente) Australia.

La mayoría de los/as entrevistados/as enfatizó la importancia de enseñar sexualidades (a pesar del amplio rango de significados que estas tienen para ellos), y muchos conectan dicha importancia con el contexto nacional y los desafíos cotidianos que ellos mismos y los estudiantes deben enfrentar. Estos desafíos fueron nombrados claramente: el VIH y el Sida (las muertes en las familias, la necesidad de cuidar a parientes huérfanos, la necesidad de tener acceso a los antirretrovirales, las dificultades para generar placer y experimentar sexualmente en un clima donde la transmisión del VIH es alta); los discursos fundamentalistas y conservadores sobre masculinidad y feminidad; la alta prevalencia de la violencia basada en el género; la diversidad de personas en los campus universitarios (creencias culturales, valores e historias muy diferentes son obligadas a estar juntas en las aulas y fuera de ellas); homofobia y racismo.

La parte más difícil de las entrevistas se dio en las preguntas sobre el impacto que los docentes creían que sus cursos tenían sobre sus estudiantes. Esto se desarrolló más intensamente en el taller nacional y las excursiones

autobiográficas dentro de las políticas pedagógicas, que
–debido a limitaciones de espacio– exploramos en otro
trabajo. Se solicitó a los entrevistados que reflexionaran
sobre los desafíos que enfrentaban sus estudiantes y sobre el significado de lo que se trabaja en sus clases. Para
muchos –independientemente de la disciplina, facultad o
universidad–, esto desató un torrente de preocupaciones:

> "Nunca estoy segura de qué es lo que funciona. No sé qué
> escuchan que puedan aplicar en sus propias vidas, aun
> cuando pueden escribir ensayos sofisticados –que no es
> común–, debo decir que las teorías quedan en sus cabezas.
> Todas las semanas, alguno de ellos toca mi puerta buscando
> consejos sobre una ETS, una relación, o con la necesidad de
> explicar porqué realmente no les gusta la gente gay. Yo no
> soy una de esas personas blandas, sabes, no soy una figura
> maternal. Pero ellos vienen y preguntan."

La entrevistadora le comentó que tal vez los temas en
la cabeza de los estudiantes habían sido estimulados por
las lecturas sobre homosexualidad o las redes por medio
de las cuales se transmiten virus. La entrevistada (docente
de Desarrollo Social) negó con su cabeza: "No. Veo que
el material que les enseño les resulta interesante, pero sé
que no rescatan nada para hacer elecciones distintas con
respecto a cómo ellos mismos tienen relaciones sexuales
y esas cosas."

Otros entrevistados mostraron impresiones más positivas acerca del poder de acercar los temas de género y
sexualidades a los caminos intelectuales de los estudiantes
por medio de diferentes disciplinas: Salud Pública, Derecho,
Arte. Sin embargo, en las entrevistas aparece la sensación
de "escupir en el viento", de estar dando clase sobre ideas
y materiales vitales en medio de un contexto en el que
las dificultades políticas, sociales y culturales hacen que
el análisis de género crítico de las sexualidades sea algo
sumamente desafiante. Los entrevistados hablaron muy

emotivamente de estudiantes que no tomaban sus anti-rretrovirales (y han muerto), estudiantes que dieron a luz en las residencias (por temor a ser ayudadas por amigas y por los servicios de salud de la universidad), estudiantes que pidieron AZT la mañana después de un encuentro sexual, a modo de profilaxis post-exposición, por miedo a la transmisión de VIH, pero con demasiado temor la noche anterior como para haber demandado el uso de un preservativo.

Conclusiones

Nuestro mapeo preliminar sugiere que existen distintos cursos que abordan seriamente los temas de género y sexualidad en las universidades sudafricanas. Creemos que esto es un fenómeno relativamente reciente. Estos cursos se ubican mayoritariamente en las carreras de Humanidades y Ciencias de la Salud, y en ninguna de ellas constituye un área primaria de énfasis curricular para los/as estudiantes. Con excepción de lo presentado en Ginecología/Obstetricia, Enfermería y Medicina Comunitaria, el material sobre reproducción no es una parte central de las currículas y siempre se da desde un modelo biomédico. Un fuerte énfasis en el VIH como "riesgo sexual" contribuye a desarrollar otra perspectiva sobre la necesidad de "educación en sexualidades", pero una vez más ésta se plantea como un área medicalizada. La mayoría de los demás cursos con temas de género y sexualidades en su descripción, son materias electivas que, por lo general, no forman parte de los contenidos troncales de las carreras. También existen grandes áreas de la educación universitaria donde los temas de género y sexualidades no generan ninguna preocupación curricular.

Sin duda el contexto nacional estructura dilemas poderosos tanto para docentes como para estudiantes. La perspectiva de las y los docentes sobre la enseñanza de género y sexualidades indica que mientras este tipo de enseñanza conduce a un aprendizaje potencialmente transformador para los estudiantes, el camino está condicionado por el ambiente académico general y, más seriamente, por la fuerza de la idea de que "la teoría/escritura académica" es fundamentalmente escindible de "las maneras de vivir tu vida". Aun en las disciplinas comprometidas con la presencia del "cuerpo", el papel de la universidad como un camino hacia la "profesionalización" aplasta –o desafía seriamente– los esfuerzos para radicalizar la conciencia de las personas en todos los niveles. Con frecuencia los docentes se dedican en forma individual a afrontar estos desafíos, con innovación, coraje político y claridad teórica. El impacto de esta dedicación seguramente podrá sentirse a nivel de un curso, pero es poco probable que se traduzca en una influencia más amplia.

Como investigadores cuya participación en la docencia ha sido desde hace mucho tiempo parte del tejido de nuestro propio compromiso político con el mundo, encarar esta superficialidad de la enseñanza de género y sexualidades en la educación superior en Sudáfrica nos plantea una serie de preguntas. Está claro que existe una necesidad urgente de "reconciliación" entre las Ciencias Sociales y las Ciencias Médicas, no simplemente a nivel de las metodologías de investigación, el prestigio y demás, sino en términos de qué tipo de educación merecen los y las jóvenes. También resulta claro que las iniciativas de Estudios de Género o Estudios de las Mujeres, valientes como son, resultan insuficientes para una transformación de las culturas pedagógicas en la enseñanza universitaria, que puedan genuinamente educar para un futuro en que los/as jóvenes con títulos universitarios se involucren con las nociones de "derechos sexuales" o "salud sexual" desde una perspectiva bien informada.

Finalmente, las prácticas de enseñanza –desde la oferta de un curso hasta el trabajo más complejo de diseñarlo y dictarlo– continúan en el foco de la transformación institucional y la investigación, como en cualquier otra área temática. Siempre hay estudiantes que bostezan, dibujan garabatos o sueñan despiertos con un/a posible amante en el fondo del aula. Estar casi completamente "fuera del alcance" de las vidas, pensamientos y ansiedades de nuestros estudiantes no solo nos vuelve más irrelevantes que nunca, sino también simultáneamente responsables de la incapacidad de estos jóvenes –que trasciende los desafíos actuales de la epidemia de VIH, la violencia de género, las negatividades y conservadurismos sexuales–, para impulsar ideas sobre los derechos sexuales o la democracia feminista con la necesaria inteligencia crítica. Esta irresponsabilidad de nuestra parte también dañará la visión de los estudiantes sobre las solidaridades globales y las alianzas a tejer, que necesitan para encontrar sentido a los actuales debates políticos sobre salud sexual y reproductiva. Como docentes universitarios sudafricanos, creemos que tenemos por delante una tarea poderosa y desafiante.

Referencias bibliográficas

Arnfred, Signe (ed.) (2004). *Re-thinking Sexualities in Africa*. Uppsala, Suecia: Nordiska Afrikainstitutet.
Cornell, M.; Reid, G. y Walker, L. (2004). "Sex and Power in South Africa". En Cornell, M.; Reid, G. y Walker, L. (eds.) *Waiting to Happen: HIV/AIDS in South Africa*. Ciudad del Cabo, Sudáfrica: DoubleStorey Books.
Niehaus, I. (2000). "Towards a Dubious Liberation: Masculinity, Sexuality and Power in South African

Lowveld Schools, 1953-1999". En *Journal of Southern African Studies*, 26(3), 387–407.

Ratele, K. (1999). *Sexuality and Apartheid*. Tesis doctoral no publicada. Universidad de Western Cape, Sudáfrica.

Reid, G. y Walker, L. (2005). *Men Behaving Badly: South African Men Since 1994*. Ciudad del Cabo, Sudáfrica: DoubleStorey Books.

Rich, A. (1979). "When We Dead Awaken: Writing as Revision". En *On Lies, Secrets and Silence: Selected Prose 1966-1978*. Nueva York y Londres, Estados Unidos y Reino Unido: WW Norton and Company.

Xaba, T. (2001). "Masculinity and its Malcontents: the Confrontation between 'Struggle Masculinity'". En Morrell, R. (ed.) *Changing Men in Southern Africa*. Londres, Nueva York y Pietermaritzburg, Reino Unido, Estados Unidos y Sudáfrica: Zed Press and the University of Natal Press.

Enseñar sobre sexualidades en las universidades de China: contexto, experiencia y desafíos

Huang Yingying - Pan Suiming
Peng Tao - Gao Yanning

A partir de la "Reforma de la Política de Puertas Abiertas"[7] en China en 1978, la sociedad ha experimentado rápidos cambios sociales. Estos cambios, que han influenciado profundamente la sexualidad, incluyen la emergencia de los celulares e Internet, el colapso del sistema de la unidad de trabajo, el debilitamiento de los valores tradicionales, el aumento de la movilidad, los cambios en los patrones de residencia y la formación de una sociedad más diversa. Desde 1980, China ha experimentado una revolución sexual contra la "cultura asexuada" desarrollada durante la Revolución Cultural de la década del sesenta (Pan *et al.*, 2004; Pan y Huang, 2008). Entre estos cambios, el surgimiento de la educación sexual es una de las áreas clave que necesita ser mapeada y analizada.

A partir de los objetivos del proyecto internacional al que fue invitado a participar, el equipo chino apunta a examinar dónde y cómo tiene lugar la educación sobre sexualidades y género. Este capítulo pretende responder las siguientes preguntas: 1) ¿Cuál es el contexto político, social e institucional actual para investigar y enseñar sobre

---

[7] En diciembre de 1978, el Comité Central del Partido Comunista de China realizó una reunión histórica en Beijing, en la que se tomaron dos importantes decisiones: abrir las puertas del país al mundo exterior y fortalecer la economía nacional por medio de reformas. Desde entonces, el país se ha embarcado en un cambio gradual de la economía planificada a lo que hoy llamamos "economía socialista de mercado".

sexualidades y género en las universidades chinas?; 2) ¿Qué tipo de enseñanzas se dan en China, dónde, en qué disciplinas y por quiénes?; 3) ¿Cuáles son las formas metodológicas, teóricas y prácticas más efectivas en el contexto chino para superar las limitaciones existentes para integrar las temáticas de sexualidades en las currículas de Salud Pública, Ciencias Sociales, Humanidades y Derecho?

La sexualidad no es el resultado de la líbido y el deseo físico individual sino más bien es construida en contextos sociales e históricos concretos. Los términos más tradicionales y locales como *se* y *qing* están aún ampliamente relacionados con la sexualidad, pero en la lengua china actual *xing* es el término más común tanto para sexo como para sexualidad. Este término fue introducido en China a principios del siglo XX durante la ola del movimiento traductor (de inglés a japonés). El concepto de *xing* fue co-construido por la filosofía yin-yang con acento en el acto sexual y una relación armoniosa entre hombres y mujeres, la filosofía de Confucio con énfasis en la familia y la reproducción, la medicalización introducida desde Occidente y la teoría de la construcción social.

Si bien la teoría de la construcción social abarca diferentes abordajes, un patrón común es considerar que actos sexuales físicamente idénticos pueden tener significados sociales y sentidos subjetivos variados, dependiendo de cómo son definidos y entendidos en las distintas culturas y períodos históricos (Vance, 1991; Gagnon y Parker, 1995). Este estudio utilizará el abordaje de la construcción social para examinar críticamente los cursos sobre sexualidad existentes en China, con una comprensión de sus contextos sociales y políticos, y para cuestionar el modelo dominante de sexualidad, que asume una matriz biológica y médica. También enfatizamos una perspectiva que presta atención al significado que puede tener la sexualidad para las sociedades locales e individuos. En este caso, son muy

importantes las voces de los actores clave –incluyendo docentes, estudiantes y administradores–. En términos más
amplios, la experiencia local de China no solo es construida o influenciada por la globalización, sino que también
contribuye a la diversidad de un proceso global.

El concepto de género fue introducido en China en la
década del 1980 por las feministas chinas que trabajaban
en el exterior, y se tradujo al chino como "sexo social"
(*shehuixingbie*), enfatizando así los aspectos sociales de los
varones y las mujeres. Este término difiere de la comprensión biológica del sexo y asume que las relaciones entre
varones y mujeres son desiguales. La principal corriente
feminista en China reclama mayor poder y derechos para
las mujeres, especialmente en la esfera pública. Dicho re-
clamo y la discusión al respecto tienen lugar en los círculos
académicos y en el *advocacy* de políticas, por medio del
cual algunos grupos de base en las comunidades están
tratando de –por ejemplo– asegurar el acceso equitativo
de las niñas a los nueve años de educación obligatoria en
China y establecer alianzas para luchar contra la violencia
doméstica. Sin embargo, estos grupos pocas veces vinculan
su trabajo con sexualidad, a excepción de cuando tratan
cuestiones de violencia sexual. Además, la comprensión del
género en el contexto chino está principalmente orientada
a la heterosexualidad y por lo tanto descuida los temas relativos a gays, lesbianas, bisexuales, transgéneros y *queers*
(GLBTQ). En líneas generales, en la investigación y la educación falta una comprensión generizada de la sexualidad
y de cuál es la relación entre sexualidad y género. Por eso
resulta sumamente importante introducir el concepto de
género, por ejemplo, en la disciplina de Salud Pública y en
los programas de VIH/Sida.

La perspectiva de derechos ha sido ampliamente desarrollada en el mundo angloparlante. Sin embargo, en China
el término "derechos" (*quanli*) resulta muy sensible para

el gobierno. Vemos que los "derechos" en general están ausentes en la sociedad china. En años recientes, con el esfuerzo de algunas feministas, los derechos relacionados con la violencia sexual y el acoso sexual contra las mujeres han tomado estado público y se han discutido (Li, 2002; Rong, 2002). No obstante, el derecho al placer sexual, el respeto por la diversidad sexual y una comprensión afirmativa de la sexualidad son aún muy débiles (Huang, 2008). Por lo tanto, en este proyecto cuando hablamos de derechos sexuales, asumimos que todas las personas tienen derecho al placer y bienestar sexual. Sin embargo, las estrategias que asumen y reclaman la perspectiva de "derechos" en China siempre deben considerarse en el marco de una atmósfera políticamente sensible.

Contexto

Transformaciones sexuales en la China contemporánea

Revolución sexual en China desde 1980
Con el trasfondo de las transformaciones políticas y sociales, el país ha experimentado una revolución sexual desde la década de 1980, lo que significa que los cambios en sexualidad han ocurrido en un período de tiempo corto. Esto resulta evidente en cinco aspectos: 1) una consecuencia inesperada de la política del gobierno chino de un solo hijo es la emergente filosofía del "sexo por placer" (revirtiendo la filosofía tradicional de "sexo solo para propósitos reproductivos"); 2) la relación entre sexo, amor y matrimonio está cambiando con la creciente tasa de divorcios, sexo extramatrimonial, sexo premarital, encuentros sexuales fugaces, sexo en Internet, etc; 3) los rápidos cambios en el comportamiento y las relaciones, incluyendo conductas y

posiciones sexuales diversas y un aumento de parejas mul-
tisexuales; 4) la apertura de la expresión sexual, incluyendo
el incremento de los términos, publicaciones y discusiones
públicas relacionadas a la sexualidad, etc.; 5) la revolución de
la sexualidad femenina, incluyendo rápidos cambios en las
prácticas sexuales de las mujeres y una creciente conciencia
de la equidad de género (Pan *et al.*, 2004).

Existen al menos cuatro tipos de investigación y programas relacionados a la sexualidad que llevan adelante
diferentes grupos en la China contemporánea y que resultan
en varios discursos populares que se indican a continuación (Huang, 2008).

Públicamente, la voz más establecida y dominante es
la del discurso medicalizado y sexológico. La investigación
sexológica en China alcanzó prominencia a mediados de la
década de 1980 y comienzos de la de 1990, como ilustran
textos innovadores como *Guía de Conocimiento Sexual*
(Ruan, 1985) y *Medicina Sexual* (Wu, 1984). El discurso
medicalizado es impulsado por sexólogos, médicos, algunos educadores sexuales e intereses comerciales. Si bien
originalmente fue visto como una actitud "sana" y positiva
hacia el sexo y una reacción contra la cultura "asexuada"
del período maoísta, actualmente el interés de los sexólogos en definir un conocimiento sexual "científico", una
salud sexual y un comportamiento sexual se asocia con la
comercialización y la medicalización del cuerpo sexual.

El segundo discurso abarca las discusiones en los estudios de las mujeres sobre la subordinación y la opresión de
los cuerpos y la sexualidad de las mujeres o el silencio sobre
la sexualidad. Este discurso, sostenido principalmente por
las feministas, se centra en el estado de subordinación de las
mujeres chinas *vis à vis* con los hombres chinos. A pesar de
la evidente importancia de tales estudios, tienden a mostrar a
las mujeres como "víctimas", desalentando representaciones
positivas de la sexualidad y la autonomía femeninas.

El tercer discurso es el de la revolución sexual, sostenido por académicos y los medios de comunicación. Sin
embargo, este discurso con frecuencia es distorsionado por
los medios de comunicación que muestran a China como
un "paraíso de la sexualidad" o como una sociedad "liberal",
lo que es identificado con conceptos "occidentalizados"
de sexualidades, que son imaginados y reconstruidos por
gran parte de la sociedad china.

También hay discursos de "autocontrol y autorrespeto"
que sirven para reinstalar la "tradición" como una forma
de resistir lo que es visto como las consecuencias negativas
de una imaginada "occidentalización" de las actitudes,
conductas y prácticas sexuales. Este eslogan es muy promi-
nente en los proyectos de salud sexual y educación sexual
dirigidos a los jóvenes chinos. El discurso de "autocontrol
y autorrespeto", que enfatiza la ideología "tradicional" de
evitar el amor y el sexo "prematuro" –especialmente para
las niñas–, es utilizado sin realizar suficientes análisis sobre
las sexualidades en los jóvenes y sin respetar sus voces. De
igual manera, la política de ABC (abstinencia, fidelidad,
y uso de condones, por su sigla en inglés: *Abstinence, Be
faithful, Condoms*) es usada por algunos grupos para re-
clamar una vigilancia moral de la sexualidad con el fin de
prevenir las ETS y el VIH/Sida.

En los últimos años, la pandemia del VIH/Sida ha
abierto un espacio increíble para la investigación y los
programas de sexualidad en China. Esto ha resultado en
un compromiso concreto de financiamiento por parte
de agencias internacionales y el gobierno, que impulsó
una mayor aceptación de la investigación en sexualidad
y la discusión pública al respecto (especialmente sobre el
trabajo sexual y temas vinculados a hombres que tienen
sexo con hombres). Sin embargo, esta puerta de entrada
significa que el gobierno corre el riesgo de patologizar el
cuerpo sexual presentándolo como algo para ser "curado"

(de una enfermedad o un desorden). Usualmente el gobierno aborda estos temas desde el "peligro" y los "riesgos" de la sexualidad.

Políticas relacionadas con la sexualidad y el género
Según Pan (2004), dos políticas importantes –en apariencia desconectadas de la sexualidad– abrieron las puertas a la revolución sexual: la Nueva Ley de Matrimonio lanzada en 1980 y la política de un solo hijo aplicada a nivel nacional desde principios de esa década.

La Nueva Ley de Matrimonio cambió los requisitos para el divorcio, permitiendo a las parejas solicitarlo cuando consideren que "su relación amorosa ha terminado" y cuando "la corte no puede subsanar la relación de pareja". Por ende, por primera vez en China el amor en la pareja se tornó el criterio principal para el matrimonio, abriendo la puerta a un aumento de la tasa de divorcios y cuestionando la estabilidad del matrimonio.

La revolución sexual como producto no deseado de la política de hijo único se dio de distintas formas. En primer lugar, rompió con la filosofía dominante del "sexo solo para propósitos reproductivos". El propósito de la vida sexual ya no era tener hijos y eso abrió espacio para el "sexo por placer". Este acceso al placer puede entenderse como la racionalización por parte de los individuos de una nueva filosofía para poder aceptar la política del hijo único, aunque representara una consecuencia de esta política, no deseada por quienes la formularon. En segundo lugar, destruyó las amenazas que conllevaba el sexo no marital. Bajo la política del hijo único, la anticoncepción y el aborto no solo son legales sino una necesidad para evitar tener más de un hijo. Como consecuencia, se abrieron más posibilidades de sexo no marital, al volverse más seguro y libre de la preocupación de un hijo ilegítimo y no deseado. En tercer lugar, este cambio de política liberó a las mujeres de los embarazos no deseados y su preocupación al respecto. Las mujeres chinas hoy tienen más tiempo y energía para disfrutar de su vida sexual y más espacio para expresar sus deseos sexuales que en cualquier otro momento en la historia del país. Y más importante aún, las conductas sexuales anteriormente tildadas de "innecesarias", "anormales" o "dañinas" –como el beso, la masturbación, las caricias sexuales, el sexo oral y el sexo anal–, ahora son posibles de racionalizar. Por último, esta política abrió la puerta al debate sobre las relaciones entre personas del mismo sexo –que está teniendo lugar actualmente– al poner sobre la mesa el amplio espectro de actividades sexuales reproductivas y no reproductivas.

Política de equidad de género

El gobierno chino ha establecido una serie de procedimientos institucionales y políticas oficiales para avanzar hacia la equidad de género bajo un marco conceptual de "varones y mujeres". La equidad de género es una política nacional básica en China, que considera que todas las mujeres deben y pueden sostener "la mitad de cielo" junto con los varones. El Comité Nacional de Niños y Mujeres –bajo el Consejo de Estado– fue establecido para implementar la política de equidad de género. La Ley de la República Popular China sobre la Protección de los Derechos e Intereses de las Mujeres dispone los derechos igualitarios de las mujeres en distintos aspectos de la vida social (como el cuidado de la salud) e incluye temas como la violencia doméstica y la protección de las mujeres contra el acoso sexual. Si bien la implementación de esta política no es muy exitosa y tiene sus limitaciones (pocas personas saben que la equidad de género es una política nacional en China; la regulación y el castigo por su incumplimiento en el sistema laboral no están claros, ni son muy poderosos), la política en sí misma es un impulso para la equidad entre mujeres y varones.

Censura de la sexualidad

"Quienes diseminen libros, revistas, películas, productos de audio o video, fotos u otro material obsceno, si el caso es serio, serán sentenciados a dos años o menos en prisión o puestos bajo detención o vigilancia criminal. Quienes organicen la transmisión o muestra de películas u otros productos de audio o video obscenos, serán sentenciados a tres años o menos de prisión o puestos bajo detención o vigilancia criminal, además de tener que pagar una multa. Si el caso es serio, serán sentenciados de tres a diez años de prisión, además de pagar una multa. Quienes produzcan, reproduzcan u organicen la transmisión y muestra de películas, videos u otro tipo de productos de audio o video serán severamente castigados de acuerdo a lo estipulado en el segundo párrafo de este capítulo. Quienes transmitan o muestren materiales obscenos a menores de 18 años serán severamente castigados." (Ley Criminal de la República Popular China, revisada en 1997, Artículo 364).

Si bien mirar pornografía en Internet no es ilegal según la ley criminal en China, algunas normas del Consejo de Estado (Regulación tentativa de sitios de Internet e Internet) y del Sistema de Seguridad Pública (Método de protección de sitios de Internet y seguridad en Internet), lo ubican como contrario a dichas regulaciones.

El sistema académico y universitario chino

El sistema universitario chino comprende dos grupos: universidades generales y escuelas locales (*minban*), ambas dirigidas por el gobierno (sea a través del Departamento de Educación o los gobiernos locales). Las universidades generales tienen mejor reputación, por lo que son la primera elección para todos los estudiantes (solo quienes no pueden acceder a ellas van a las escuelas locales).

Por lo tanto, este estudio se centra principalmente en el sistema universitario gubernamental oficial general, al que toma para explorar cómo se pueden introducir y se están introduciendo los temas de sexualidad y género.

Hay alrededor de 1778 universidades generales (frente a 239 escuelas locales) y en 2005 había 14,5 millones de estudiantes universitarios. Cerca de la mitad son mujeres. Las universidades han expandido su alumnado recientemente y son lugares muy importantes para la educación de los jóvenes que trabajarán en distintas disciplinas y jugarán un papel clave en el futuro.

Teniendo en cuenta la ausencia de movimientos sociales y sociedad civil en China –que normalmente juegan un papel muy importante en la promoción de nuevos discursos sobre sexualidades–, es fundamental usar el sistema universitario para introducir los temas de sexualidad. Los movimientos vinculados al género –y podríamos decir que cualquier movimiento social– son políticamente sensibles y, al menos en China hoy, se ha vuelto menos factible apoyarse en las ONGs para difundir cuestiones de sexualidad y género que en los espacios universitarios.

En el clima social actual, el sistema universitario parece ser una plataforma "segura" donde incorporar los debates sobre sexualidades y género. Las universidades cuentan con mucha más libertad que otros lugares para hablar de sexualidad, por lo que los debates pueden ser más profundos y analíticos. Además, los estudiantes universitarios tienden a ser más abiertos y adoptar más fácilmente nuevas ideas y perspectivas sobre sexualidades y género. Como se mostrará en este artículo, hay algunos casos exitosos que ilustran cómo la enseñanza de sexualidades puede influenciar positivamente a los estudiantes en espacios universitarios y a la sociedad en general.

Al examinar los actuales cursos universitarios, vemos que solo unas pocas universidades tienen cursos o conferencias relacionadas con sexualidades. La oferta de estos cursos en general es en las universidades médicas o en universidades normales (de Educación) centradas en la difusión del conocimiento científico sobre sexo, prevención de ETS y el VIH, prevención de desórdenes sexuales y la formación de una actitud "adecuada" hacia el sexo que cuadre con la ideología moral hegemónica. Por el contrario, aún no existe en la mayoría de las universidades chinas una "educación en sexualidades" desde las Ciencias Sociales (o que incluya una visión social y cultural de la sexualidad) y, especialmente, basada en los derechos, afirmativa y con perspectiva de género.

Ante la falta de movimientos sociales fuertes y la hegemonía de los abordajes biomédicos del sexo y la educación sexual, nuestro objetivo es promover el reconocimiento de las universidades como una plataforma importante para incorporar sexualidad y género. Al mismo tiempo, nuestro objetivo es presentar argumentos sobre la necesidad de desafiar la mirada medicalizada del sexo.

Metodologías

El equipo chino utilizó una combinación de métodos para recoger datos, que incluyó entrevistas en profundidad, encuestas, presentaciones y discusiones grupales.

Encuesta a estudiantes

La encuesta exploró la necesidad de educación en sexualidad y género de los estudiantes. Creemos que las voces de los estudiantes de distintas disciplinas ayudarán a evaluar la actual educación en género y sexualidad, y a identificar los contenidos y metodologías clave para la enseñanza y la investigación futuras. También se puede utilizar para identificar las brechas entre formuladores de políticas, docentes y alumnos en términos de la incorporación de sexualidades en la currícula académica de las universidades.[8]

Los participantes fueron estudiantes universitarios de 17 a 22 años de la Universidad de Renmin, la Universidad de Fudan y la Universidad Médica de Harbin. Consideramos múltiples disciplinas, género y área geográfica de la que provienen. La muestra incluye 577 estudiantes (326 mujeres y 251 varones).

Entrevistas en profundidad a administradores y docentes/investigadores

Entrevistamos a 77 administradores y 69 docentes/investigadores de cuatro universidades acerca de sus puntos de vista sobre la incorporación de sexualidades y género en la currícula académica universitaria. Son administradores de diferentes niveles en las universidades y docentes/investigadores que trabajan en distintas disciplinas. No pertenecen a nuestra red y no son quienes recientemente han abierto cursos relacionados al tema. El propósito y el contenido principal de las entrevistas es examinar sus actitudes generales hacia la educación sexual y otros temas sobre sexualidades,[9] como actores que forman parte

---

[8]   El cuestionario cubre temas como historia sexual personal, relaciones, consentimiento y coerción, auto-control y responsabilidad, masculinidad, feminidad, actitudes hacia la heterosexualidad, homosexualidad, bisexualidad, etc., conocimiento sobre VIH/Sida, ETS, salud reproductiva, cuestiones de género, etc. Es una encuesta informatizada que toma los recaudos necesarios en cuanto al consentimiento informado y la confidencialidad. En este artículo utilizamos principalmente los datos sobre la necesidad de educación sexual y sus contenidos.

[9]   La entrevista cubre temas como su identidad de género; actitud y percepción hacia sexualidad y género; la importancia y la necesidad de incorporar sexualidad y género en la currícula académica; la voluntad

de los sistemas educativo y universitario. Las entrevistas nos ayudarán a responder a las preguntas de investigación y a comprender los contextos, necesidades, obstáculos y posibilidades de incorporar sexualidades en el actual sistema educativo.

Discusiones grupales y seminario con docentes/investigadores

En enero de 2007, realizamos un seminario de tres días en el que reunimos a docentes/investigadores que habían abierto o abrirían a corto plazo un curso sobre sexualidades y género. Nuestro objetivo fue discutir las experiencias, obstáculos y estrategias para abrir clases en universidades, así como el diseño y la metodología de los cursos existentes y la reacción de los estudiantes. Se realizaron entrevistas en profundidad y comunicaciones sobre su comprensión, práctica y experiencia con 17 participantes (investigadores y educadores que trabajan en las áreas de sexualidades y género) de 11 universidades de toda China. También entrevistamos a algunos participantes luego del seminario. Éste brindó una gran oportunidad para que los educadores expresaran y compartieran personalmente sus experiencias y se consolidaran redes para incorporar sexualidad y género en la currícula académica de las universidades.

Se utilizó la teoría fundamentada (Miles y Huberman, 1984) para analizar los datos. Basamos nuestros hallazgos y recomendaciones en el estudio de las opiniones de los sujetos y analizamos los temas y experiencias en los contextos chinos.

---

de la universidad de facilitar educación en sexualidad y género; las necesidades de fortalecimiento de capacidades y desarrollo de carreras de los/as educadores/as en las áreas de sexualidad y género; las áreas prioritarias de sexualidad y género que deben ser incorporadas en la currícula académica universitaria; los obstáculos y posibilidades, etc.

Resultados

Educación sexual en la China contemporánea: los ambientes institucionales e individuales

El ambiente universitario y social de la educación sobre sexualidad

En China se han elaborado algunas políticas para fomentar o exigir educación sexual y sobre el VIH/Sida en las universidades, pero dichas instituciones se resisten a asumir esa responsabilidad. Si bien pocas autoridades educativas piensan que la educación sexual es importante, esto varía entre universidades. Las universidades/escuelas normales (de Educación) son más proclives a tener cursos de educación sexual: pueden ser más fácilmente persuadidas porque los estudiantes que serán docentes en el futuro deberían tener la capacidad de proveer apoyo psicológico y resolver las preguntas sobre sexualidad de los estudiantes.

"Las autoridades son persuadidas por el hecho de que los estudiantes que serán docentes en el futuro necesitan algún conocimiento sobre sexualidad. Les decimos que también pueden ayudar a proveer consultas psicológicas a sus futuros estudiantes para resolver las preguntas y dudas sobre temas sexuales y de adolescencia. Recibir este tipo de entrenamiento puede ser una ventaja para nuestros estudiantes ya que no todas las universidades lo ofrecen. Desde ya que nosotros también alentamos a nuestros estudiantes para que soliciten a las autoridades de la universidad que abran cursos sobre sexualidad. Y tuvieron éxito." (Profesor Peng Xiaohui).

Para el gobierno y la sociedad, las universidades médicas son el lugar "adecuado" donde desarrollar un curso sobre salud sexual y VIH/Sida. En lo que respecta a las universidades, las autoridades normalmente no alientan la oferta de cursos sobre sexualidad, pero tampoco los prohiben:

"Abrí un curso sobre sexualidad en 1985. La universidad no lo prohibió ya que en ese momento se alentaba la apertura de nuevos cursos; pero aun así "rompió el silencio" y fue altamente sensible. La autoridad, especialmente la de nuestro propio departamento, siguió el tema de cerca. Una vez agarraron a un estudiante varón robando la ropa interior de una estudiante mujer y la primera reacción de la autoridad fue pensar que el estudiante seguramente sería de mi clase." (Profesor Pan Suiming).

Distintos factores institucionales y autoridades de la universidad juegan un papel muy importante en apoyar o rechazar estos cursos. En general, las autoridades universitarias y los líderes de los departamentos tienen una actitud de "no alentar ni negar" la apertura de cursos sobre sexualidad, a menos que haya alguna influencia externa, especialmente de los medios de comunicación o del gobierno. En la mayoría de las universidades es más difícil obtener la aprobación para los cursos obligatorios sobre sexualidad que para los electivos.

En cuanto al contexto social, la preocupación por la educación sexual es menor en las universidades que en las escuelas secundarias. Por otra parte, son los medios de comunicación –más que los padres de los alumnos– los que prestan atención a la cuestión de la sexualidad de los jóvenes que asisten a la universidad. Los medios, que por lo general tienen una actitud abierta hacia la sexualidad y el género, normalmente no muestran la postura del gobierno con respecto a estas cuestiones. Como señala el Profesor Gao Yanning, desde su propia experiencia de haber abierto un curso sobre temas de homosexualidad en la Universidad de Fudan, el docente debe utilizar los medios de comunicación estratégicamente y evitar que interfieran con el curso dando informes parciales o subjetivos. Una reacción demasiado visible de los medios de comunicación y la sociedad puede poner mucha presión en la autoridad universitaria y dificultar la continuidad del curso.

Las voces desde abajo: estudiantes,
docentes y administradores

A nivel micro, podemos examinar las voces de los interesados directos en la educación sobre sexualidad (estudiantes, docentes y administradores universitarios), para analizar sus necesidades, preocupaciones y actitudes hacia la oferta de cursos sobre sexualidad y género en las universidades.

La mayoría de los actuales estudiantes universitarios sostiene que su conocimiento sexual no proviene del sistema educativo, sino de Internet y otras fuentes. En este estudio examinamos distintos tipos de información sobre sexualidad: psicología sexual, homosexualidad, masturbación, higiene sexual, salud sexual, cuerpo, anticoncepción, reproducción, estudios sociológicos sobre sexualidad, la sexualidad como tema social, conductas y técnicas sexuales, VIH/Sida y ETS, y moral y ética sexual. Nuestros datos muestran que la mayoría de los estudiantes universitarios dice que necesita información en todas esas áreas: entre el 70 y el 90% necesita mucha más información. No hay diferencias significativas entre disciplinas y universidades, ni por género (excepto en que más varones que mujeres necesitan "información sobre conductas y técnicas sexuales"). Esto confirma la necesidad de incorporar los temas de sexualidad en el sistema universitario. También se plantea la cuestión de los contenidos. El punto de partida es considerar el hecho de que la educación pre-universitaria sobre sexualidad no abarca información básica sobre el conocimiento sexual y del cuerpo, y mucho menos información sobre género y relaciones. El papel de Internet y los medios de comunicación no debe ser subestimado al indagar los canales por los cuales los estudiantes obtienen información sobre sexualidad.

Con respecto a la cuestión del género, la mayoría de los estudiantes, especialmente en las áreas de Salud Pública y Medicina, no tienen en claro el concepto de sexualidad y no entienden la diferencia entre sexualidad y género. Comparados con los estudiantes de Ciencias Sociales, los de Salud Pública y Medicina carecen de capacitación y comprensión sobre los significados sociales y culturales del sexo como comportamiento y como diferencia entre masculino y femenino.

Las necesidades de educación sexual entre los estudiantes universitarios se reflejan también en sus comentarios acerca de los cursos existentes.

"Lo que más rescato del curso del Profesor Pan es que me ayudó a entender cosas aparentemente 'misteriosas' de lo profundo de mi mente acerca de las causas que subyacen a fenómenos sociales como 'trabajo sexual' u 'homosexualidad'. No son anormales. Lo único que tenemos que hacer es reconocer eso, y luego no nos sorprenderemos y seremos capaces de encontrar perspectivas más apropiadas." (Estudiante 1).

En el caso de los docentes, la mayoría apoya la oferta de cursos sobre sexualidad en las universidades:

"La educación sobre sexualidad y género es importante. Los estudiantes universitarios ya tienen conocimiento y conciencia sobre sexo y género, pero pueden no tener la actitud apropiada hacia el tema. La educación sobre sexualidad es necesaria y la educación sobre género contribuiría a abordar la discriminación de género, las ideas de inferioridad de género y las inequidades de género en la sociedad." (Docente 4).

"Es muy importante y es parte de la vida de todos, especialmente cuando se es joven. Debemos prestar especial atención a la educación sexual para adolescentes incluyendo temas como menstruación, masturbación y sexualidad física y psicológica. Los estudiantes de Medicina deben ser más profesionales y saber más. El sexo seguro es lo más importante." (Docente 3).

"Si bien la mayoría de los docentes concuerda con la importancia de la educación sobre sexualidad y género, el contenido debería ser más sobre conocimiento fáctico. Coinciden en que el propósito de esta educación es 'proveer conocimiento científico', 'prevenir comportamientos sexuales prematuros y ETS', brindar 'educación moral', y hasta prevenir 'crímenes sexuales'."

Entre los docentes existen debates sobre cuestiones como la homosexualidad. Algunos se oponen a incluir este contenido porque "confundiría a los estudiantes y es un fenómeno anormal, o al menos un tema que no es tan importante". Otros piensan que podría darse en conferencias, para "guiar a los estudiantes a que tengan una actitud apropiada hacia la homosexualidad". Otros señalan que es importante dejar que los estudiantes discutan y respeten la diversidad sexual.

Entre los administradores, la mayoría expresó una mirada positiva sobre la educación en sexualidad, pero limitada a temas como "actitud hacia la cohabitación", "VIH/Sida y ETS", "psicología sexual saludable" y "moralidad sexual", así como algún conocimiento sexual básico. A diferencia de los docentes, que consideran que la autoridad universitaria usualmente resiste la educación en sexualidad, la mayoría de los administradores cree que existen pocos obstáculos importantes a nivel institucional. A su entender, las autoridades no prestan ni prestarán mucha atención a este tema, que depende más de la capacidad de los docentes y los recursos económicos. Para algunos administradores los obstáculos pueden ser puestos por los padres y la sociedad bajo nociones como "tradición" o "estudiantes inocentes": "La sexualidad entra en conflicto con la tradición. Los padres son tradicionales y creerán que la educación en sexualidad puede confundir a los estudiantes. Los obstáculos de la opinión pública y la cultura no se pueden negar" (Administrador 1).

Algunos administradores piensan que los obstáculos se pueden originar por el tipo de contenido que se incluye, pero no en la educación sobre sexualidad en sí misma. Ciertos contenidos son resistidos, mientas que otros son más aceptados. Por ejemplo, el conocimiento sobre anticoncepción no será apoyado, porque la mayoría de las autoridades, educadores y padres todavía cree que se alienta y enseña a los estudiantes a tener sexo a edades tempranas cuando se les dice cómo usar métodos anticonceptivos. Pero la educación sexual más amplia, que incluye temas como diferencias de género, higiene física y amistad será apoyada.

Mapeo de los cursos actuales sobre sexualidades

Este estudio no mapea todos los cursos relacionados con sexualidad y género, sino aquellos que son importantes o influyentes y que son dictados en universidades con diversas disciplinas, con especial foco en los que tienen una perspectiva desde las Ciencias Sociales.

Disciplina y perfil de los docentes

Los docentes y cursos con los que hemos tenido contacto directo provienen de Sociología, Literatura, Educación, Filosofía, Derecho, Salud Pública, Psicología. Las universidades normales (de Educación), la Salud Pública y las Ciencias Sociales son las tres principales áreas que ofrecen enseñanza en sexualidad.

Todos los docentes entrevistados se autoidentifican como heterosexuales, a diferencia de lo registrado en otros países. Hay algunos activistas gays y lesbianas famosos, pero trabajan principalmente en ONGs, más que en la investigación y la enseñanza dentro del sistema educativo (eventualmente algunos son invitados a dar conferencias en los cursos o a participar en programas de investigación).

Contenidos, metodología y métodos de enseñanza

El contenido de los cursos es diverso y varía de acuerdo a la disciplina y al conocimiento e interés del docente. Ofrecemos un resumen de algunos programas de los cursos existentes para ilustrar sus contenidos.

Ejemplo 1: "Estudio sociológico de la sexualidad", Profesor Pan Suiming, curso obligatorio para estudiantes de grado en las carreras de Sociología y Trabajo Social, 2 horas por semana, 2005. El curso se basa en las investigaciones sobre sexualidades que el docente realiza desde 1985, con foco en el marco teórico y los estudios empíricos, incluyendo temas como: 1) Historia de la investigación en sexualidad desde principios del siglo XX hasta la fecha; 2) Desarrollo de un estudio sociológico sobre sexualidad y el marco teórico relacionado; 3) El concepto de "sexualidad" y sus diferencias con "sexo": sus significados y construcciones sociales; 4) Ejemplos de estudios empíricos sobre "sexualidades" en China; 5) Teoría sobre la sexualidad china en "el círculo de vida primario" (desarrollada por Pan Suiming); 6) La revolución sexual en la China contemporánea; 7) Industria sexual en China y regulaciones políticas.

Ejemplo 2: "Homosexualidad y salud", Gao Yanning (facilitador) y conferencistas invitados, curso electivo para estudiantes de posgrado en Salud Pública, 2 horas por semana, 2003. El curso fue diseñado desde la perspectiva de las Humanidades y las Ciencias Sociales en el contexto del VIH/Sida, incluyendo temas como: 1) Subcultura de la homosexualidad; 2) Teorías y realidades de la homosexualidad; 3) Conductas sexuales orales y anales; 4) Diálogo con el corazón: discurso sobre el "camarada masculino" (gay); 5) Comunicaciones sobre cuestiones gay: *hotlines* y radios; 6) Hablando del límite del amor sexual; 7) Prevención del VIH/Sida en la comunidad gay.

Ejemplo 3: "Introducción a la Ciencia Sexual", Profesor Peng Xiaohui, curso electivo para educación sexual, 2 horas por semana. Índice del libro *Introducción a la Ciencia Sexual* de Peng Xiaohui, que es utilizado como la referencia principal y estructura de este curso y ampliamente citado en otros de educación sexual: 1) La estructura física y el funcionamiento del sistema reproductivo; 2) Órganos sexuales y reacciones sexuales; 3) Conductas sexuales, fantasías sexuales y masturbación; 4) Enfermedades de Transmisión Sexual; 5) Sexo y fecundidad, anticoncepción e infertilidad; 6) Desarrollo sexual y problemas durante la adolescencia; 7) Psicología sexual en la adolescencia; 8) Disfunción sexual psicológica.

El contenido de los cursos varía de acuerdo a las distintas disciplinas y el perfil de los docentes. Algunos focalizan más en la educación sexual, otros en los aspectos históricos y sociales; algunos se basan en los contextos locales y su propio trabajo de investigación, mientras que otros usan más trabajos hechos por otros; algunos dictan el curso personalmente y otros convocan a profesores invitados. La bibliografía en inglés consiste en libros de texto sobre género o sobre conocimiento científico de la sexualidad. En general, la influencia de la bibliografía en inglés sobre género y sexualidad no es fuerte en este momento, excepto por las teorías sexológicas que arribaron a China a principios del siglo XX y en la década de 1980.

En cuanto a los métodos de enseñanza, las presentaciones en Power Point son los principales. Unos pocos cursos en Ciencias Sociales también usan materiales audiovisuales y tienen mayor grado de participación de los estudiantes. Si bien el contenido sobre teorías sociales, perspectivas de construcción social y sexualidad y género resulta evidente en los ejemplos dados, la mayoría de los cursos provee "información" de manera unidireccional (del docente a los estudiantes –llamado el método de "alimentar el pato"–) sin participación activa de los estudiantes. Esto no es solo por falta de visión del docente, sino porque todo el sistema educativo chino carece de innovación en los métodos de enseñanza.

Obstáculos y estrategias para abrir un curso

Casi todos los docentes tienen muchas historias y experiencias de obstáculos y dificultades para brindar cursos sobre sexualidad, así como estrategias que pueden compartir. En términos de obstáculos, los puntos centrales son las actitudes de los líderes y autoridades, las políticas institucionales y la construcción de capacidad de los docentes. El apoyo institucional usualmente depende de los individuos, en este caso los líderes: generalmente los cursos sobre sexualidad no son permitidos ni apoyados, pero sí tolerados con la actitud de "abrir un ojo y cerrar un ojo". La mayoría de los líderes, excepto unos pocos muy conservadores, mantiene esta actitud. Su preocupación principal es la presión (a veces imaginaria) del público (la mayoría de las veces de los medios de comunicación). Sin embargo, la actitud silenciosa y de falta de apoyo de los líderes genera obstáculos cuando se quieren armar los cursos.

En un nivel micro, la construcción de capacidad de los docentes es una preocupación importante por el contenido, la epistemología en sexualidad y su método de enseñanza. La capacitación sistemática en sexualidad y género, el propio conocimiento e investigación de los docentes sobre temas relacionados, la innovación en los métodos de enseñanza y la bibliografía actualizada son altamente necesarios.

Al enfrentar estos obstáculos –especialmente los del ambiente institucional–, los docentes tienen mucha experiencia y estrategias para hacer que los cursos sean posibles: utilizar los temas menos sensibles y controvertidos como puertas de entrada; aprovechar las oportunidades que surgen cuando la universidad alienta la apertura de nuevos cursos, siendo los cursos electivos más fáciles de incorporar que los obligatorios; usar estratégicamente los medios de comunicación para impulsar los cursos; usar la reacción y el apoyo de los estudiantes para persuadir al líder y así facilitar el curso; utilizar el apoyo y financiamiento de fuentes internacionales; e incorporar temas de sexualidad y género en los cursos ya existentes.

Conclusiones

La cultura sexual impulsada por las rápidas transformaciones sociales que están ocurriendo en China desde la década de 1980, la revolución sexual en curso y el creciente debate público sobre sexualidad instalado en los medios –y especialmente en Internet–, requieren de manera urgente políticas de educación sexual. El sistema universitario y las unidades de investigación tienen gran potencial para incorporar estudios de sexualidad y género. Los actores clave, incluyendo autoridades universitarias, administradores, docentes y estudiantes, tienen una actitud positiva hacia los temas de sexualidad y género.

Sin embargo, su visión sobre el conocimiento sexual y los contenidos de la educación sexual difieren. La mayoría de la gente –especialmente los "adultos"– apoya la educación sexual cuando brinda "conocimiento científico" para evitar una exposición sexual inapropiada y una orientación sexual "desviada". La medicalización de la sexualidad y la demanda de conocimiento sexológico tienen gran influencia en la sociedad china. En la década de 1980, esta ideología ayudó a cuestionar una cultura que hacía de la sexualidad un tabú. Sin embargo, también limita la comprensión de los diversos conceptos de sexualidad y género, así como la perspectiva sobre sexualidad y género basada en derechos. Si bien este ambiente ideológico podría utilizarse para persuadir a las autoridades educativas de que permitan cursos de educación sexual, también puede limitar el contenido de los cursos, acotándolo exclusivamente a "orientaciones científicas y médicas". Afortunadamente, la influencia de las teorías de las Ciencias Sociales occidentales desde la década de 1990 y el reconocimiento del VIH no solo como una enfermedad sino también como una problemática social, condujeron a la apertura de unos pocos cursos que desafían esta ideología y aportan conocimiento sobre la perspectiva social y cultural de la sexualidad. Asimismo, en la actualidad está más ampliamente reconocida la necesidad de este tipo de conocimiento basado en debates sobre las diferencias entre sexo y sexualidad.

Si bien las universidades normales (en Educación), Salud Pública y Ciencias Sociales son tres áreas que ofrecen educación sobre sexo/sexualidad, la mayoría de sus docentes no ha recibido entrenamiento profesional en sexualidad y género. Unos pocos basan sus cursos en investigaciones sobre la cultura e historia sexual china, y utilizan principalmente los resultados de sus propios estudios sociológicos sobre sexualidad y la bibliografía china sobre culturas sexuales. La mayoría de los docentes usa bibliografía de teorías sexológicas y se limita a dictar educación sexual. Desde fines de la década de 1990, se introdujo desde Occidente alguna bibliografía sobre género y teoría *queer*, parte de la cual fue traducida. En términos de pedagogía, en el sistema educativo chino no es muy común la lectura y discusión de bibliografía, sino que suelen darse clases magistrales.

En vista de los hallazgos del estudio, podemos afirmar que una de las áreas que amerita mayor atención es la de recursos humanos. Esto incluye: 1) Alentar a que más docentes se sumen a este campo, mediante programas de financiamiento y asistencia técnica; 2) La utilización y capacitación estratégica de los medios de comunicación para influir en las autoridades y el ambiente social; 3) Los estudiantes pueden jugar un papel importante en apoyar y facilitar la educación en sexualidad utilizando un abordaje más participativo; 4) Los temas y programas internacionales (como el VIH/Sida y el financiamiento de agencias internacionales) pueden ser de gran ayuda para impulsar estas temáticas a nivel universitario; 5) Renovar el conocimiento y la metodología a nivel teórico y práctico entre quienes están dictando o abrirán cursos; 6) Fortalecer las redes existentes y facilitar mayor comunicación e intercambio de experiencias entre docentes con miradas interdisciplinarias, mediante seminarios y conferencias; 7) Recomendar a los docentes bibliografía local y en inglés; 8) Alentar más investigación empírica basada en el contexto local, y focalizar en las problemáticas de sexualidad locales para enriquecer los cursos con ejemplos vívidos, de los propios docentes o de otros investigadores.

Otra área sensible que requiere mayor atención es la elección de los contenidos para incluir en los cursos, para que satisfagan las necesidades de los estudiantes y cuestionen el discurso dominante médico y masculino sobre la sexualidad. Las necesidades son diversas e incluyen conocimientos básicos que deberían haber sido cubiertos por la educación sexual en la escuela primaria y secundaria. Como sugiere nuestro estudio, se debe adoptar una visión más crítica desde las Ciencias Sociales por medio de la teoría de la construcción social, incluso para proveer "conocimientos básicos" de sexualidad a los estudiantes. Hay que enfatizar el abordaje de la sexualidad desde una perspectiva de derechos y de género. Las estrategias y los métodos de enseñanza e investigación que reflejan esta perspectiva también son importantes.

Junto con los cambios de metodología y práctica de la enseñanza de sexualidades, la investigación es un área que también necesita mayores aportes. Uno de los obstáculos para la incorporación de sexualidad y género en las universidades es que aún se carece de investigaciones locales y publicaciones sobre sexualidades en China. Debemos utilizar la bibliografía disponible en inglés, pero no descansar solo en ella. En el rápido proceso de globalización, la relación entre la investigación global sobre sexualidad y la investigación basada en el contexto político y social local, es un importante tema para discutir. La investigación sobre sexualidad en China es incipiente, y aunque existen muchos y muy buenos estudios, hay una gran necesidad de generar más investigación de calidad, de naturaleza más crítica y con una base más fuerte en los contextos locales.

94   Enseñanza universitaria sobre género y sexualidades

Referencias bibliográficas

Gagnon, J. y Parker, R. (1995). "Introduction: Conceiving Sexuality". En Parker, R. y Gagnon, J. (eds.) *Conceiving Sexuality: Approaches to Sex Research in a Postmodern World*. Nueva York y Londres, Estados Unidos e Reino Unido: Routledge, 3-16.

Huang, Y. Y. (2008). *Body, sexuality and xinggan: Chinese urban women's subjective construction in daily lives*. Beijing, China: The Social Science and Document Press.

Li, H. T. (2002). "The Project on 'Urban Communities' Intervention in the Domestic Violence Against Women". En *Women Research Forum*, 3.

Miles, M. y Huberman, A. (1984). *Qualitative Data Analysis: A Sourcebook of New Methods*. Hills, Estados Unidos: Sage.

Pan S. M.; Bai, W. L.; Wang, A. L. *et al.* (2004). *Chinese People's Sexual Behaviors and Attitudes*. Beijing, China: The Social Science and Document Press.

Pan, S. M. y Huang, Y. Y. (2008). "The rise of right and pleasure: A review of the sexuality research and practices since 1980s". En Zhang K. N. (eds.) *Sexuality and Reproductive Health: A review of 30 years work*. Beijing, China: The Social Science and Document Press.

Rong, W. Y. (ed.) (2002). *Against domestic violence on women: Theories and practices in China*. Beijing, China: The Social Science and Document Press.

Ruan, F. F. (1985). *Sex Knowledge Handbook*. Beijing, China: Scientific and Technological Literature Publishing House.

Vance, C. (1991). "Anthropology Rediscovers Sexuality: A Theoretical Comment". En Parker, R. y Aggleton, P. (eds.) *Culture, Society and Sexuality: A Reader*. 39-54. Londres, Reino Unido: UCL Press.

Wu, J. P. (1984). *Sexual Medicine*. Beijing, China: Scientific and Technological Literature Publishing House.

Derechos e interculturalidad en la inclusión curricular de la sexualidad y el género en universidades del centro y de la periferia en México

Adriana Leona Rosales Mendoza
Aymara Flores Soriano - Betania Allen-Leigh

La inclusión de temas de sexualidad y género en instituciones de educación superior en México es muy variada. En los últimos años se han abierto nuevas universidades públicas, algunas de las cuales implementan programas de Ciencias Sociales y Humanidades vinculados con temas de multiculturalidad, etnicidad, turismo y medio ambiente, con licenciaturas como Lengua y Cultura, Turismo Alternativo, Turismo Sustentable y Gestión Hotelera, Gestión Municipal, Salud Comunitaria, e Intervención Educativa para el Medio Indígena. En las universidades y centros de investigación consolidados continúan impartiendo carreras más tradicionales como Derecho, Psicología, Trabajo Social, Sociología, Antropología Física y Demografía, y eventualmente algún curso de posgrado sobre Género y Desarrollo o Género y Políticas Públicas. De esta manera, la inclusión de temas de sexualidad y género en distintos programas de pregrado y de posgrado presenta algunas particularidades.

El objetivo de este artículo es presentar un análisis comparativo de la situación en dos tipos de universidades, a partir de entrevistas a profesores universitarios sobre la inserción de temáticas de sexualidad y género en ciertos planes de estudio. Nos referimos, por un lado, a las universidades que imparten carreras vinculadas a temas de multiculturalidad, etnicidad, turismo y medio ambiente, a las cuales denominamos arbitrariamente "universidades de la periferia", y por otro lado, a las que llamamos "universidades del centro", en el sentido de Immanuel Wallerstein.[10]

El grupo de instituciones de educación superior del centro está conformado por la Universidad Nacional Autónoma de México (UNAM), el Colegio de México (COLMEX), el Colegio de Michoacán (COLMICH), el Colegio de la Frontera Sur (ECOSUR), la Universidad Autónoma de Yucatán (UADY) y la Escuela Nacional de Antropología e Historia (ENAH). Las universidades de la periferia son la Universidad Pedagógica Nacional (UPN) (en sus tres unidades en el estado de Yucatán: Mérida, Peto y Valladolid), la Universidad de Oriente, ubicada en Valladolid, Yucatán (UNO), la Universidad Intercultural Maya de Quintana Roo (UIMQROO), en la cabecera municipal de José María Morelos, y la Universidad del Caribe (UNICARIBE) fundada en la ciudad de Cancún, también en Quintana Roo.

---

[10] Así como Wallerstein hace una división entre los fenómenos políticos y económicos que ocurren en el Centro, la Semiperiferia y la Periferia, en donde el poder se ejerce del primero a los segundos (Wallerstein, 1999), aquí hacemos una analogía para la producción histórica del conocimiento en México. Consideramos del centro a instituciones de educación superior como la Universidad Nacional Autónoma de México (UNAM), el Colegio de México (COLMEX), etc., como espacios de conocimiento consolidados en el medio académico, que cuentan con la infraestructura necesaria para su funcionamiento. Por otra parte, hablamos de universidades de la periferia (Universidad Intercultural Maya de Quintana Roo, Universidad del Caribe, Universidad de Oriente, etc.) como aquellas en donde los recursos económicos son insuficientes para lograr un desarrollo académico adecuado, ya que no cuentan con aulas equipadas, bibliotecas, servicio de cómputo o Internet, o bien no ofrecen licenciaturas o posgrados tradicionales (Psicología, Sociología, Antropología, Derecho, Medicina, Trabajo Social), y en su lugar implementan programas educativos diseñados para atender problemáticas o demandas regionales.

La información sobre la inclusión de los temas de sexualidad y género la obtuvimos de entrevistas realizadas con docentes en COLMEX, COLMICH, ECOSUR y ENAH (programas de posgrado en Demografía, Ciencias Sociales, Género y Desarrollo Sustentable, y Antropología Física), UADY y UNAM (pregrado en Antropología, Psicología y Medicina, con un enfoque social), así como de universidades de la periferia: UPN, Mérida, Valladolid y Peto; Universidad Intercultural Maya, Universidad de Oriente y Universidad del Caribe, en donde se imparten estudios de pregrado (licenciatura) –a estudiantes predominantemente indígenas– en Educación Intercultural, Intervención Educativa, Educación para el Medio Indígena, Lengua y Cultura Indígena y Gestión Cultural.[11]

Partimos aquí de la definición de multiculturalidad como un espacio social en el que existen grupos que se distinguen entre sí por su pertenencia étnico-racial, etno-nacional, religiosa y/o lingüística, y en donde interactúan no solo la diversidad étnica sino otras diversidades (genérica, sexual), así como diferentes planos del ejercicio de derechos (individuales, colectivos). En estos espacios multiculturales suele haber uno o varios grupos dominantes –en términos económicos, políticos e ideológicos-, con tendencias a reducir o eliminar las diferencias (Pulido, 2005). En ese sentido, es importante considerar también la noción de interculturalidad, ya que alude no solo a la coexistencia de grupos en un mismo territorio físico o virtual, sino a las interacciones y relaciones de poder que se gestan en el interior de –o entre- grupos. Por lo tanto la interculturalidad es, más que un concepto, una propuesta ética y política que

---

[11] Ambos grupos de universidades cuentan con otros programas educativos, pero para esta investigación incluimos solo docentes de los programas señalados, pues nos interesaba particularmente el área de Ciencias Sociales y Humanidades.

tiende a apuntar hacia la interacción entre las culturas (y los sujetos) como un ejercicio de enriquecimiento mutuo, sin el cual la democracia es inviable.

Ambos, el concepto de multiculturalidad y la propuesta ética de la interculturalidad, se encuentran en construcción (y por tanto, pueden ser debatidos) pues, si bien aluden a la coexistencia o interrelación de uno o más grupos étnicos en un mismo territorio, no logran trascender la idea de que las identidades culturales son las indígenas, como si las "otras identidades" no existieran. Y nos referimos no solo a otros grupos étnicos como el amplio sector mestizo mexicano y las comunidades judías o libanesas que habitan en el país, sino a las identidades "invisibles" o "incómodas" para muchos estudiosos de la multi e interculturalidad: las identidades de género y las identidades sexuales.

Así, nuestra apuesta por la interculturalidad se basa en democratizar a la sociedad no solo en cuestiones que atañen a los espacios políticos de la vida pública (abatir la desigualdad, luchar por el respeto a los pueblos indígenas o el derecho al voto), sino democratizar a las identidades colectivas e individuales, poniendo en el centro de la discusión de esta propuesta ética de interculturalidad a las identidades de género y sexuales. Sobre esta idea nos surgió la inquietud de saber si en programas de pregrado y/o posgrado de universidades de la periferia -ya que cuentan con carreras vinculadas a la multiculturalidad- se estaban impartiendo cursos con contenidos de género y sexualidad, y cuáles eran estos cursos y contenidos. Toda vez que habíamos realizado una investigación previa en universidades del centro en 2007, teníamos la duda de si la incorporación de estos temas se estaba dando por rutas similares y, si no era así, queríamos saber cómo se estaba desarrollando dicho proceso, en qué programas, y vinculados con qué otros temas.

Los resultados son interesantes en términos de nuestra propuesta ética de la interculturalidad, ya que en las universidades de la periferia el género y la sexualidad se insertan en cursos dedicados al estudio de los derechos humanos y culturales, a diferencia de las universidades del centro, en donde estas temáticas se incluyen en cursos específicos de sexualidad y género.

Metodología

La investigación que da forma a este escrito es de corte cualitativo, por lo que se realizó trabajo etnográfico en al menos una unidad, facultad o centro disciplinario de cada una de las diez universidades referidas (en total son 12 espacios universitarios pues se incluyeron tres unidades de UPN). Se realizaron entrevistas en profundidad con 12 docentes-investigadores (seis hombres y seis mujeres), que fueron transcritas en su totalidad y analizadas a partir de categorías definidas *a priori*. Es importante subrayar que las y los docentes e investigadores de todas las universidades fueron incorporados por considerárseles actores clave en el proceso de inserción de la sexualidad y el género en el ámbito universitario, y también tomando en cuenta los cursos que impartían relacionados con estos temas. Cuando presentamos testimonios optamos por omitir los nombres y las instituciones de adscripción de los profesores para asegurar su anonimato, conservando exclusivamente las menciones realizadas en los segmentos textuales de los propios informantes. Solo consignamos entre paréntesis si imparten cursos en pregrado o posgrado, y aunque en el caso de las universidades interculturales todos los informantes son de pregrado, esto es de utilidad para distinguir las diferentes voces de las y los docentes.

El proceso de inserción del género y la sexualidad en las universidades de la periferia

A diferencia de los docentes de las universidades del centro, los profesores de universidades de la periferia no se consideran a sí mismos como constructores (punta de lanza o vanguardia) de un nuevo campo de estudios. Sin embargo, en las materias que imparten han incorporado temas de género y sexualidad, particularmente en los cursos sobre derechos humanos y culturales.

En algunos casos su llegada a los temas fue fortuita, ya que se les asignó un curso con alguno de estos tópicos al ingresar al programa de estudios en cuestión. En otros casos, como entre los profesores de las universidades del centro, tenían un marcado interés personal por incluir otros debates de la diversidad (además de la étnica) en sus cátedras:

> "Empezamos por la LIE (Licenciatura en Intervención Educativa). Yo tengo aquí un año, es el segundo o tercer semestre que estoy dando. Cuando llegué pues efectivamente me dieron para impartir el curso de esta optativa que es *Sexualidad, Género y Educación*, en LIE es la optativa, yo la di. Bueno, yo tengo formación antropológica." (Docente de pregrado).

Al igual que ocurre con los profesores que imparten cátedra en universidades del centro, los docentes de universidades de la periferia consideran que su inmersión en estos temas está atravesada por el cuestionamiento personal (deconstrucción, reconstrucción) y la adquisición de una conciencia sensible a las problemáticas que plantea el género:

> "Te digo que a nivel personal la misma formación profesional te acerca y es cuando empiezas a cuestionar tu misma relación, la cuestión de la práctica en tus mismas relaciones de pareja, pero era un conocimiento superficial, no tan sistemático en ese sentido." (Docente de pregrado).

La inserción de las temáticas de género y sexualidad en programas de estudio de las carreras que se imparten en las universidades de la periferia no parece tan incipiente. Además del interés personal entre distintos académicos, algunos programas cuentan con materias obligatorias sobre sexualidad y género, y en otros casos los contenidos se abordan en alguna unidad de cursos sobre desarrollo humano, ética y diversidad.

Al parecer, el hecho de que estos programas de pregrado estén diseñados y dirigidos a estudiantes indígenas o a personas interesadas en la cuestión indígena favorece que en los cursos sobre derechos humanos y/o derechos indígenas se debata sobre la diversidad. Esta discusión sobre la diversidad resulta muy útil para la inserción de las identidades sociales, incluyendo las sexuales y de género. Así que, aunque hay pocos cursos sobre género y sexualidad, los temas y conceptos se analizan dentro de otros cursos.

Además, en las universidades de la periferia se favorece el modelo educativo constructivista, el cual no tiene que ver precisamente con la corriente teórica del constructivismo social, sino que es un modelo de enseñanza que enfatiza en la generación de experiencias por parte del alumnado, es decir, promueve el aprendizaje a través de la motivación de conocimientos que generen sentido en los estudiantes. Por ello, aparte de las materias teóricas, se llevan a cabo investigaciones de campo obligatorias en las cuales las y los alumnos plantean problemáticas específicas de una comunidad y estrategias para su resolución:

> "Esta asignatura es como todas, está inscrita en un modelo educativo basado en el constructivismo, entonces de lo que se trata más que de hacer una reproducción de información por parte de los estudiantes sería más bien generar experiencias que motiven el aprendizaje." (Docente de pregrado).

A partir de este modelo –no exclusivo de las universidades de la periferia, pero muy utilizado en ellas- el alumnado tiene la posibilidad de realizar estudios, por ejemplo, sobre el embarazo precoz o sobre la construcción de la identidad de género a través de ciertos rituales en una comunidad indígena.

Desde luego, existen limitaciones en la colocación de las temáticas en programas de universidades de la periferia. Por ejemplo, si bien los entrevistados consideran que el género es un eje transversal que debe incluirse en todas las materias, hay problemas de fondo que impiden que esto se lleve a la práctica. El principal obstáculo es la carencia de programas de formación y actualización docente, casi siempre por falta de recursos económicos. Por ejemplo, la unidad Peto de la Universidad Pedagógica Nacional en Yucatán cuenta con una sala de cómputo muy moderna y con máquinas sofisticadas, pero no tiene servicio de Internet; así que aunque los docentes pudieran inscribirse en algún curso a distancia tendrían que utilizar la web en otro lado.

Las dificultades institucionales para incluir los temas de género y sexualidad en las currículas universitarias también se vinculan a otros tipos de problemáticas, entre las que destacan las relativas al diseño curricular y a la conformación de grupos de trabajo:

> "Bueno, concretamente al programa de la Licenciatura de Lengua y Cultura lo hicieron un antropólogo social y un agrónomo, quienes hicieron un trabajo excelente, muy profesional, pero como no son especialistas en la materia, pues no contemplaron varios temas. Ahora tenemos un equipo interdisciplinario que está reestructurando el plan de estudios y dentro del mismo hay una especialista en estudios de género que, supongo, intentará meter estos contenidos en el plan de estudios de la carrera." (Docente de pregrado).

En cuanto a los temas específicos de género y sexualidad que se imparten en los cursos, se encontró que en algunos casos se incluye tópicos de salud reproductiva, pero enmarcados en una perspectiva más integral de la sexualidad y vinculados con los derechos y el género:

> "Hay una parte del curso que está diseñado donde se meten a la cuestión biológica, digamos, la visión de los aparatos reproductivos, pero obviamente [después de haber] visto todos los antecedentes que se tienen de lo que es género, sexualidad, la construcción de esta idea de qué es lo masculino, qué es lo femenino. Luego baja en el campo de lo que es la educación, entonces unos muchachos estaban interesados en trabajar la cuestión de la sexualidad con los niños en preescolar, bueno, cómo se manifiesta, cómo se reproduce, cómo se ve, cómo se practica, cómo lo llevan a cabo las maestras y qué se puede proponer para reorientar esta cuestión en el campo, también de cómo llevan sus relaciones de noviazgo los adolescentes en Valladolid." (Docente de pregrado).

> "Digamos una mirada amplia sobre lo que implica el género, la cuestión de las preferencias, articulado con los derechos y una visión de la sexualidad humana también, digamos, que los lleve a una visión de responsabilidad. Entonces hay dos subtemas. Uno es el sistema sexo-género, donde se ve toda la cuestión de esta relación de género, sexo y sexualidad, la diversidad como una categoría central para la comprensión de la realidad social actual y las dimensiones de la sexualidad. Y después entramos a temas específicos como violencia, hostigamiento sexual y violencia en el noviazgo, por ser temas que están articulados con los procesos que ellos están viviendo como jóvenes. En la parte de la salud sexual y reproductiva se retoman cuestiones digamos biológicas, pero muy general, nada más para ubicar a los estudiantes, cuestiones que tienen que ver con respuesta sexual humana y con el autoconocimiento." (Docente de pregrado).

En ciertos cursos los temas de derechos sexuales y reproductivos se relacionan con los llamados ejes transversales, como educación ambiental, género e interculturalidad. Se promueven discusiones entre el alumnado sobre las leyes

del aborto y las sociedades de convivencia aprobadas en el
Distrito Federal. De acuerdo con uno de los docentes, se
fomenta su abordaje desde diferentes ángulos: políticos,
filosóficos, religiosos y jurídicos. Aunque en ciertos espacios
todavía es difícil tratar determinados temas:

> "El problema es la aplicación. Yo no digo que no se esté
> dando en casos como el producto de una violación a una
> niña de 13 o 14 años, pero la sociedad todavía es muy ce-
> rrada en Mérida, y más en el mundo indígena. Tratándose
> con los jóvenes yo creo que sabiendo aplicar las estrategias
> didácticas para la discusión del asunto, con los apoyos co-
> rrespondientes, con apertura, con respeto a las distintas
> posiciones, porque no estamos haciendo política pública,
> estamos discutiendo temas o problemas. Aquí se compu-
> so una ley de convivencia, la comunidad lésbico-gay de
> Yucatán se ha estado posicionando a pesar de los pesares
> y obviamente ha habido una escandalera por parte de los
> sectores más conservadores, la defensa de la familia tradi-
> cional. El asunto de la adopción de los hijos por parte de la
> pareja no tradicional es también motivo de un escándalo
> acá, [dicen['¿pero cómo es posible? ¿cómo va a crecer el
> niño?'. Pero bueno, por lo menos se está discutiendo, ya es
> un avance." (Docente de pregrado).

La inclusión de los temas de género y sexualidad se
produce también en relación con el concepto de diversidad,
pues los docentes entrevistados en las universidades de
la periferia consideran que hay que expandir los espacios
para teorizar acerca de la diversidad como un concepto
más amplio:

> "Digamos que todo esto lo vemos por el contexto en el que
> estamos, digamos, la diversidad se retoma desde distintas
> perspectivas, desde algo que tenemos aquí, por ejemplo, la
> diversidad étnica (...) y a partir de ahí vamos desarrollando
> temas más específicos sobre la diversidad." (Docente de
> pregrado).

"En nuestro curso tocamos también el tema de los gays con mucha naturalidad, de diversidad sexual abiertamente y yo me posiciono en favor de la diferencia sexual, yo tengo una posición al respecto. 'Sé que a muchos de ustedes –les digo [a mis alumnos]– todavía no les cae el veinte o no nos cae del todo el veinte, pero estamos viviendo la realidad, qué daño le hace un bisexual o un homosexual que esté viviendo o teniendo una relación de afecto, de intimidad, es su derecho, es su vida privada, tiene derecho.' En mi tiempo era objeto de burla, de discriminación, el gay, y la lesbiana, peor, la lesbiana era el acabose. Ni modo aquí estamos muy atrasados al respecto, hay mucho, mucho conservadurismo." (Docente de pregrado).

A partir de esta apertura del concepto de diversidad más allá de la diversidad de los grupos étnicos, en los cursos que imparten los profesores entrevistados se promueve la reflexión sobre el respeto a las diferencias. Un caso particular es la Universidad del Caribe de Cancún, Quintana Roo, a la que asisten estudiantes de distintos estratos socioeconómicos y diferentes contextos étnicos:

"Eso te enfrenta a que de repente tienes en el grupo estudiantes con referentes socioculturales completamente distintos, y entonces trabajamos la diversidad desde ese lugar y también desde el lugar de las preferencias sexuales, ahí es donde sí se incluye la perspectiva de la homosexualidad y el lesbianismo. Es importante porque existe aquí como una idea muy articulada con las carreras, o sea, muy pensada de que en las ingenierías están los hombres, y de pronto no se duda de los hombres que están ahí, o sea, como que sí hay una carga con los chavos; quienes se acercan a la cocina igual y quién sabe. Entonces yo aquí lo que trabajo es la diversidad en esos distintos aspectos, incluso en el tema de las prácticas sexuales, o sea, en la premisa de que la sexualidad tiene una enorme normatividad, o sea, ¿qué está bien y qué está mal dentro de las prácticas sexuales? Al final de la asignatura [del curso] la idea es que los alumnos salgan con la premisa de que la única regularidad que hay en la convivencia entre los grupos humanos es lo diverso; es la única regla que tenemos, entonces así es como lo trabajo." (Docente de pregrado).

Por otra parte, los temas de género y sexualidad también se tratan en los cursos sobre derechos humanos, aunque aquí no se ha logrado hacer transversal la perspectiva de género. Se incluyen los derechos de los pueblos indígenas y los derechos de las mujeres, pero no se logra articular ambas posturas. Lo más interesante es que los docentes que imparten estos temas han logrado plantear al alumnado los profundos conflictos existentes entre los derechos humanos y los derechos indígenas. En tanto los primeros se refieren a los sujetos (individuales) de la modernidad, y los segundos se basan en una concepción colectiva (y consuetudinaria) de los derechos.

"Mira, lo que yo creo es que ahí hay una contradicción de fondo, es una crítica que yo siempre he tenido para la propuesta de los derechos humanos, porque los derechos humanos están dibujados desde una idea de sujeto moderno. O sea, la modernidad imprime un sujeto individual que finalmente es el sello de la modernidad, entonces yo creo que ahí hay una problemática entre lo local y lo universal, [...] que no ha sido resuelto, y precisamente con quienes menos ha sido resuelto es con los grupos indígenas. Yo ahí veo un problema y un conflicto irresoluble, entonces yo creo que hay que plantear que hay un problema teórico-conceptual e incluso de percepción de la realidad que no se logra resolver. Y es aquí en donde yo apelo a nivel de la conciencia del sujeto, en donde a lo mejor tus saberes tradicionales los puedes mirar ya desde una perspectiva de la discriminación, es decir, puedes darte cuenta cómo esos saberes te llevan a discriminar o a ser discriminado, o la idea de que las mujeres no sean a quienes más se les apoye para que continúen con sus estudios en los pueblos. Identificarlo te permite moverte de ese lugar, pero sin perder la perspectiva de ese grupo." (Docente de pregrado).

"Bueno es un tema que ponemos adelante, es un conflicto verdad, y así lo planteamos en términos de cómo en este proceso de universalización de los derechos humanos – como algunos lo llaman–, qué pasa con esa universalización cuando ciertos preceptos adoptados por la comunidad mundial chocan con ciertas prácticas locales, sobre todo las que tienen que ver con el trato a las mujeres. Que no tengamos mucha evidencia no quiere decir que no exista el problema, pero se toca muy poco el asunto, hay muy poca investigación al respecto, es decir, sobre cómo se afectan los derechos básicos de las mujeres indígenas. Nos falta mucho trabajo de campo, etnográfico, para ver qué pasa con ciertas prácticas, por ejemplo, en el terreno de la política, de la toma de decisiones, en donde se excluye a las mujeres de ciertos movimientos. Sí planteamos el asunto del conflicto en el sentido de que también debemos reconocer que, no solo en México sino en todas partes del mundo, el derecho consuetudinario choca con los derechos humanos." (Docente de pregrado).

Además de este tema pendiente de debatir hay otras dificultades señaladas por los entrevistados en cuanto a las limitaciones para incluir los temas de sexualidad y género en programas de estudio, particularmente la carencia de una infraestructura para acceder a la literatura más reciente sobre estos temas. Con excepción de la Universidad de Cancún que cuenta con una biblioteca bastante completa –de alrededor de 15.000 ejemplares–, las otras universidades de la periferia poseen bibliotecas muy pequeñas o cuentan apenas con un anaquel de libros. Así, los profesores señalaron que aprovechan algún viaje para fotocopiar los materiales didácticos que emplearán con sus alumnos. Aunado a esto está la carencia de acceso a la formación y actualización docente, lo que repercute en la comprensión de algunos temas y conceptos por parte de los profesores y esto, a su vez, en el alumnado:

"[El curso incluye] algunas [lecturas] difíciles para los muchachos y para el asesor. De por sí es pesado este señor [Foucault], ¿no?, habla sobre esta cuestión del control del cuerpo, el poder sobre el cuerpo y todo esto, es muy difícil la lectura. Esa es la otra cuestión, hay ciertos obstáculos ahí para profundizar más en textos teóricos, la cuestión de la discusión del género apenas se llevó, no se llegó a profundizar mucho, no es posible, porque yo siento que aun a los muchachos y las muchachas les cuesta abordar estos temas. Hay cierto prejuicio más fuerte en la discusión sobre qué onda con la igualdad de géneros, pues había convencimientos de que era imposible, era como una cuestión utópica donde decían que no va a ser posible concretarla, las mismas mujeres lo decían y [para] algunas hablar sobre el cuerpo de la mujer, el cuerpo del varón, referirse a la relación coital causaba cierto temor o algo así, entonces no es fácil." (Docente de pregrado).

A pesar de estos limitantes, los docentes opinan que hay que incluir otros temas de discusión en los cursos sobre derechos, sexualidad y género, como los derechos de la diversidad sexual, las sociedades de convivencia y el derecho a decidir sobre el aborto por parte de las mujeres:

"La cuestión del aborto o de la interrupción del embarazo es un tema muy delicado realmente a nivel de toda la sociedad yucateca. Y también a nivel de las comunidades [indígenas] son temas que ni se tocan, porque la mentalidad dominante en nuestra cultura maya es que la mujer es para reproducir, la mujer es para los hijos que Dios le dé. Digamos en las comunidades en sí el tema de la posibilidad del aborto –no me gusta decirle aborto, suena muy feo–, pero la interrupción del embarazo en ciertas condiciones adversas a la mujer no es algo que se esté tocando en el mundo indígena." (Docente de pregrado).

Es necesario también que algunos de los docentes que imparten clases a estudiantes del medio indígena se actualicen y acudan (o tomen de manera virtual) cursos y talleres en donde tengan la posibilidad de reflexionar sobre sus propios temores, tabúes y prejuicios acerca de la sexualidad y el género. Instancias en donde puedan disipar sus dudas teóricas y metodológicas y establecer en conjunto nuevas estrategias didácticas para la enseñanza de estos temas.

Por último, encontramos poco en cuanto a la vinculación de los profesores con Organizaciones de la Sociedad Civil (OSC) o con instituciones gubernamentales, o sobre su participación como activistas. Solo un profesor aludió a su relación con la Comisión Estatal de los Derechos Humanos de Yucatán:

> "Conocer también los organismos públicos que se abocan a la protección y a la atención de los derechos, y también lo que hacen los organismos no gubernamentales en la materia aquí en Yucatán. De esa manera ellos conocerán la Declaración Universal de los Derechos Humanos de 1948 y una selección, porque es muy amplio, de convenios y declaraciones que se han adoptado a nivel mundial en las cumbres, y a nivel nacional y local. Entonces ahí los alumnos van conociendo y discutiendo y exponiendo. [...] Y que venga alguien de la Comisión Estatal de Derechos Humanos a exponer y a interactuar entre los alumnos, para que sepan qué hay que hacer cuando hay una posible denuncia, ante quién, cómo, cuánto tarda, y también un diálogo con al menos una ONG." (Docente de pregrado).

El proceso de inserción del género y la sexualidad en las universidades del centro

Todos los entrevistados en estas universidades se describen como punta de lanza y forjadores de un nuevo camino en el campo de la sexualidad. Entienden que es un área no muy acreditada en los espacios universitarios, y que por ello el trabajo que se debe realizar para colocar estos temas es más complicado:

"Abriendo brecha a brazo partido, porque muchas de las veces es convencer que lo que estamos haciendo tiene validez, o sea que vale la pena, que no estamos jugando, que no es por diversión nada más, porque nos gusta el tema porque es muy cotorro y divertido, sino por la validez. Tienes que trabajar por dos lados: uno, hacerte de la información, recrearla, apropiarte de ella, generarla, y por otra parte tienes que convencer. Son dos trabajos: uno de convencimiento y otro de aprendizaje y generación de conocimiento, muchas veces partiendo de la nada." (Docente de posgrado).

Se percibe que ciertos actores están impulsando los temas en forma individual, colectiva y en redes académicas.[12] Sin embargo, también se piensa que hay que reforzar las redes académicas en este campo, pues "son muy pocos" quienes están trabajando en el área, y en su mayoría, mujeres. Esto lleva a enfrentar, además de las barreras ligadas a la marginación o rechazo de estos temas, dificultades en razón de la inequidad de género en los espacios universitarios. También mencionaron que la mayoría de los investigadores que trabajan los temas de sexualidad y género en forma integral, emplean la metodología cualitativa, lo cual implica un menor reconocimiento, debido a que en ciertos espacios académicos todavía se piensa que solo la metodología cuantitativa tiene representatividad en cuanto a sus hallazgos.

Los argumentos de autodefinición de las informantes sobre sí mismas (no tanto los varones como las mujeres) y su papel en el proceso de inserción de la sexualidad y el

---

[12]   Las instituciones mencionadas son los Colegios de México, de Michoacán, de Sonora y de la Frontera Sur, la Facultad Latinoamericana de Ciencias Sociales (FLACSO), programas especializados como el Programa Interdisciplinario de Estudios de la Mujer y el Programa de Salud Reproductiva y Sociedad del COLMEX, el Programa Universitario de Estudios de Género de la UNAM, organismos internacionales como las fundaciones Ford y MacArthur y el Fondo de las Naciones Unidas para la Mujer (UNIFEM), y algunas OSC.

género en el ámbito universitario e incluso en el contexto social, guardan una relación simbólica con las características de ciertas heroínas míticas, destacando valores como la conciencia social, la convicción y la congruencia, el valor y la perseverancia:

> "Yo creo que traigo bien puesta la camiseta porque estoy siempre luchando, siempre... a lo mejor es cierta necedad de estar metiéndose uno, pero yo creo que sí necesito ser un poco necia para poder introducir esto. Me siento bien por que estoy sacando adelante un proyecto en el que creo". (Docente de pregrado).

A raíz del conocimiento y desarrollo de estos temas, plantean como impacto su propia deconstrucción y reconstrucción, la adquisición de conciencia y la superación personal: "No se puede trabajar en género si no estoy yo mismo reconstruyendo mi propia relación con el varón y la mujer que tengo en mi subjetividad y en mis relaciones cotidianas." (Docente de posgrado).

> "Trabajar con estos temas no solo es un trabajo académico, sino que también se convierte en un trabajo personal. Son temas de vida. Las investigaciones y los acercamientos a los temas te dicen cosas sobre los otros, pero también sobre ti, sobre las personas que conoces, sobre lo que les pasa o te pasa. Esto me ha ayudado a conocer, comprender y explicarme aspectos de mi realidad y la de otras y otros." (Docente de pregrado).

> "Sobre sexualidad, la Iglesia Católica te mete en una dinámica que te hace vivir la vida con culpa. Cuando tienes la posibilidad de estudiar pues te mueve. Digamos que aprendes de ti y ese aprendizaje te ayuda a ayudar." (Docente de pregrado).

> "Las implicaciones son ver el mundo y mi vida de forma distinta, lo que ha repercutido en cómo enseño y hago investigación, sobre cómo y qué me pregunto, cómo analizo las situaciones y cómo comprendo las cosas y a las personas." (Docente de posgrado).

"La lectura y discusión con colegas de temas de sexualidad y género, desde una perspectiva no solo teórica sino ética y política, ha significado para mí transformaciones fuertes en la manera de vivir la maternidad, la pareja, la sexualidad, el trabajo intelectual, el compromiso político, la apertura a la diversidad, experiencias y elecciones y la equidad. Inicio casi por casualidad, colaborando en el *Seminario de Sexualidad y Género* en el Colegio de México, y puedo decir que ha transformado y abierto mi forma de pensar y de sentir el mundo y la vida. Espero que lo siga haciendo." (Docente de posgrado).

"Creo que desde mi experiencia personal he experimentado un proceso de "mi ser para otros" a "mi ser para mí". Hoy en día me identifico como feminista y compañera de los procesos de otras y otros. Mi pasión hoy en día es construir nuevas formas de relación entre hombres y mujeres." (Docente de pregrado).

"Me abrió los ojos a diversas problemáticas previamente ocultas para mí, cuando menos en su dimensión social, por ejemplo, la violencia de género. Me hizo consciente de mis propios sesgos machistas. Creo que contribuyó a convertirme en mejor persona." (Docente de pregrado).

Y en esta posibilidad de crecimiento personal y profesional, también se perciben vivencias y sentimientos adversos frente a las dificultades para colocar los temas. Esto produce cansancio y desánimo, ya que la lucha es interminable y de lento avance: "Muchas satisfacciones y, a la vez, enormes esfuerzos porque abrir brecha es pesado." (Docente de posgrado).

"Me siento bien, pero sí hay momentos en que me canso porque, pues, tal vez quisiera yo avanzar más, ¿no?, y no hay mucha respuesta. Entonces yo me vuelvo, me vuelvo a levantar una y otra vez, me voy empujando este proceso. A veces me siento solita, me gustaría avanzar más. Y bueno, también me gustaría una mejor situación laboral: soy profesora de asignatura, no recibo estímulos, mi sueldo es de los más bajos de la pirámide, me gustaría ganar más. A pesar de que voy avanzando en otros campos, en el campo de la remuneración no lo veo todavía." (Docente de posgrado).

Al mismo tiempo, estos espacios de reflexión personal y profesional sobre las dificultades existenciales o académicas que se experimentan constituyen oportunidades para involucrarse en nuevas investigaciones y abrir nuevos caminos: "Estudiar más a fondo estas cuestiones me ha abierto puertas de investigación insospechadas, me ha impulsado a atravesar barreras y a buscar nuevos caminos de investigación" (Docente de posgrado).

"Me ha permitido darme cuenta de las grandes lagunas y vacíos que hay en diversos temas de sexualidad y género, que van desde lo teórico-metodológico hasta la ausencia de políticas públicas para la educación sexual, la urgencia de retomar este tema desde la investigación y la docencia, la intervención pública, los organismos civiles. Y darme cuenta sobre la necesidad de formación e información sobre masculinidad." (Docente de pregrado).

El nivel de inserción en las universidades del centro es considerado como "algo aún incipiente". Sin embargo, se asume que su proceso es gradual y lento, pero de implicaciones profundas en el futuro: "A lo largo de la última década los temas de sexualidades y género están permeando, lenta pero profundamente, en el currículo y en las actividades de investigación" (Docente de posgrado).

Aun cuando la mayoría de los informantes hablan del proceso de inserción como un continuo lineal, lento pero progresivo, algunas narrativas dan cuenta de que el proceso no es lineal y, sobre todo, que no siempre es continuo, pues llega a tener grandes retrocesos: "Si bien en el pasado se había ido ampliando paulatinamente el espacio para estas temáticas en el instituto, recientemente esto se ha revertido debido a cambios en el personal directivo

que ha modificado las prioridades de investigación y docencia." (Docente de posgrado). "Cuando las presiones
se incrementan, y esto parece una pared, nos empiezan a
restringir el número de tesis, nos empiezan a quitar cátedras." (Docente de posgrado). "Bueno, pues yo creo que
aquí en ECOSUR ha habido tiempos de más visibilidad de
estos temas." (Docente de posgrado).

Por otra parte, aunque algunos informantes señalan,
desde una perspectiva crítica, que en muchos espacios
universitarios se ha permitido la inserción de las temáticas
como un proceso legitimado por estar "de moda" o para
dar la apariencia de ser "políticamente correcto", se tiene la
idea de que la inclusión de los temas "se permite" siempre
y cuando no se cuestione a las instituciones de la sociedad
civil (escuela, familia, Iglesia Católica, partidos políticos):
"La institución se va legitimando a través del secuestro de lo
subversivo, de nuevas propuestas teóricas, pero les mutila
sus componentes transformadores." (Docente de posgrado). "Se incluye el tema, pero 'sin alborotar' o sea, que está
bien, que es bonito que trabajemos con esta perspectiva,
siempre y cuando no nos comprometa, no nos cuestione
y no nos transforme." (Docente de pregrado).

Dentro de este proceso de inserción se han diseñado
cursos específicos sobre el campo o se han incluido ciertos
temas de sexualidad y género en los planes de estudio.
Además, en algunos programas de pregrado se están rea-
lizando reestructuraciones al currículo académico para
colocar estos temas:

> "Mira el contenido de la materia y de hecho hemos tratado
> de homologarla un poco a la que se da en Villahermosa,
> damos casi los mismos temas, aunque obviamente varían
> las lecturas y los contenidos de las sesiones. De género y
> sexualidad es solamente un par de sesiones, son aproxi-
> madamente unas dos o cuatro sesiones que se toman por
> trimestre." (Docente de posgrado).

"Yo imparto un curso de género en el que incluyo el feminismo, el impacto de las políticas públicas en la mujer, desarrollo humano, masculinidad y de violencia de género básicamente, y aquí entran los temas de sexualidad." (Docente de pregrado).

"Incluyo en el curso historia de la sexualidad. No es nada más cómo era la sexualidad, sino cómo era la familia, o cómo eran las normas respecto a la familia, cómo eran las leyes respecto a la familia, hasta cómo era la religión y cómo eran los mitos, nos ponemos a leer hasta La Biblia, [el libro de] El Cantar de los Cantares, etc." (Docente de pregrado).

"Coordino una línea de investigación que se llama *Género, sexualidad y cultura* en el posgrado de Antropología Física, aunque yo soy antropóloga social, no vengo de la antropología física. Pero bueno, los compañeros me han invitado a participar en la academia. Aquí imparto cursos sobre estos temas, estoy al frente de esta línea de investigación y [asesoro] alumnos que hacen sus tesis sobre cuestiones de sexualidad, de mujeres, de gays, de travestis, de un poco de todo, digamos, pero sí, esencialmente en cuestiones de género y de sexualidad." (Docente de posgrado).

"En esta primera etapa [de la reestructuración de la licenciatura] se pensó invitar a personajes renombrados [como asesores], como tú comprenderás... [risas]. Sí, como especialistas en el tema y a personas como tú que estén luchando muchísimo por incorporar la perspectiva de género en las diversas escuelas, ¿no? En este caso, de la Facultad de Medicina nos interesa mucho, porque nosotros sentimos –o al menos tenemos el prejuicio o la hipótesis– que siempre está la sexualidad como muy vinculada al área biomédica, y entonces como que no se toma la perspectiva de género, como que no hay mucho apoyo para incluirla." (Docente de pregrado).

En ciertos programas, sobre todo de pregrado, se advierte que hay pocos docentes e investigadores que trabajen un enfoque sociocultural de la sexualidad en combinación con el género. Esta tendencia disminuye cuando se trata de posgrados, aunque en general en este tipo de universidades tampoco está muy extendida dicha combinación: "Los investigadores que trabajan con un enfoque de género integral son una minoría y quienes trabajan sexualidades desde un punto de vista social son aun menos" (Docente de posgrado).

Si la relación entre sexualidad y género es nula o incipiente, la vinculación en el abordaje de estos temas con los movimientos sociales y el activismo ciudadano es aun menor, con excepción del caso de la UPN y ECOSUR. En la primera institución esto se favorece por la inserción laboral de los alumnos en diversas OSCs y por el interés de algunos cuerpos académicos, y en ECOSUR porque constituye una política expresa de la institución.

En otros casos no hay articulación entre la academia y los organismos no gubernamentales y de la sociedad civil, pues muchos docentes-investigadores consideran que son dos ámbitos totalmente distintos e incluso que su prestigio se puede poner en duda: una cosa es hacer política y otra muy diferente dedicarse a la investigación. Sin embargo, también existe, en algunos casos, un discurso "políticamente correcto" de la vinculación con dichos organismos, y en otros un compromiso real para construir puentes entre las universidades y las OSCs: "Adolezco del defecto inverso de muchos de mis colegas que trabajan movimientos sociales sin considerar género ni sexualidades: yo trabajo género y sexualidad como procesos subjetivos y los vinculo poco con movimientos sociales" (Docente de posgrado). "Solo se da de manera periférica y ocasionalmente" (Docente de posgrado). "En lo general hace falta mayor involucramiento con los movimientos sociales y el activismo" (Docente de pregrado).

"Para incidir en la inserción curricular de sexualidad y género realmente no es suficiente una visión teórica academicista o incluso curricular, sino que se requiere de la vinculación con la sociedad civil. El movimiento feminista ha podido tejer en mayor medida sus avances a partir de sus relaciones. Hacen falta situaciones y actores-puente que vinculen la academia con el activismo ciudadano. La inserción curricular no es tarea exclusiva de académicos, se trata de encontrar y juntar actores." (Docente de posgrado).

Finalmente, hubo consenso en que en momentos de crisis económica todos los sectores productivos y de servicios se ven afectados, y en este sentido, los proyectos y programas no considerados prioritarios por ciertos gobiernos pueden carecer de financiamiento. En el caso de la academia (y no solo en el campo de la sexualidad y el género), habrá que hacer alianzas con otras instituciones gubernamentales y no gubernamentales para difundir los nuevos conocimientos. El logro de determinados objetivos puede depender de las redes que se tejan incluso con los movimientos sociales: "Realizar y difundir investigaciones bien fundamentadas que documenten las construcciones sociales en torno a la sexualidad y el género y sus implicaciones en la salud y en los aspectos socioculturales." (Docente de pregrado). "Relacionarse con instituciones o grupos relevantes que tengan esta perspectiva, gocen de reconocimiento y estén teniendo resultados por sus acciones." (Docente de posgrado). "Permanecen proyectos que tienen financiamiento externo y alianzas con programas gubernamentales, y por haberse ganado un lugar en la sociedad en colaboración con otras instituciones y con la sociedad civil." (Docente de posgrado).

Por último, varios entrevistados consideran relevante tomar en cuenta las posibles fisuras institucionales, y saber reconocer las coyunturas que permitan generar cambios en la sexualidad y el género en la población en su conjunto. Hay que consolidar grupos de análisis de docentes-investigadores, pero también de estudiantes, pues a partir de ahí se pueden diseñar estrategias para avanzar en este campo de estudio:

> "Yo creo que la institución no es monolítica, siempre es porosa, es permeable, tiene fracturas y está en movimiento. Entonces creo que hay que estar súper alerta de esos tiempos y espacios concretos cuando te vas a topar con pared, para buscar otra posibilidad, otro momento. A veces hay que esperar. Saber esto y poder hacerlo es un recurso estratégico a favor." (Docente de posgrado).

Conclusiones

Decíamos al principio que las universidades de la periferia presentaban particularidades en cuanto a la inserción de la sexualidad y el género. Las más notorias se refieren a su inclusión en los cursos de derechos humanos o indígenas que se imparten en los programas de pregrado referidos. Esto abre un abanico que permite entrelazar la diversidad cultural, la interculturalidad y los derechos individuales y colectivos (con todas sus contradicciones) a los temas de la sexualidad y el género. Lo más interesante en la intervención docente de los profesores entrevistados quizá sea su capacidad para hacer que las y los alumnos investiguen en sus propias comunidades. Por ejemplo, sobre los derechos de las mujeres indígenas a decidir sobre sus cuerpos; o acerca de los espacios reservados a los varones, como es la ceremonia para pedir lluvia a los *chaaques* en Quintana Roo y Yucatán, que celebran los varones en la milpa para solicitar agua suficiente a la deidad prehispánica maya Chaac; o incluso sobre el ritual del *hetz-mek*, ceremonia también con reminiscencias mayas para otorgar un nombre

a las personas y señalar cuáles son los espacios femeninos
y cuáles los masculinos. Esto es relevante porque existen
explicaciones al respecto sesgadas por la mirada occidental
de estos rituales, y tendríamos que ser capaces de dialogar
con los involucrados para saber si ellos (como comunidad)
interpretan de la misma forma que nosotros o confieren
los mismos significados a estos procesos culturales. Por
cierto que alguno de los docentes de universidades de la
periferia participa junto con sus alumnos y alumnas en
investigaciones que intentarán sacarnos de las dudas que
hasta ahora tenemos:

> "Este curso entraría en esta fase para poder empezar a darnos
> cuenta que es necesario vincular distintos aspectos de las
> cuestiones de derechos y género, pues nada más algunos
> cuantos –y no muy claramente– lo abordan como cuestión
> de tradición. Como en el caso del *hetz-mek*, hace poco se
> empezó a trabajar desde otra perspectiva, no solo de la des-
> cripción de lo que se hace, la interpretación de que si son
> tres piedras es femenino, si son cuatro es masculino, o sea
> no se ha roto ese nivel descriptivo, y hay personas que ya
> intentan hacer ese salto e ir más a lo simbólico, pero sobre
> todo, trabajado desde la construcción cultural. Entonces
> decimos que también [se relaciona] con la construcción de
> género, lo que percibe el grupo, la sociedad, lo que debe ser
> un hombre y una mujer. Algunas cosas se manejaron [en
> el estudio preliminar], pero no es posible aterrizar todo,
> porque tampoco hay mayor información sobre el *hetz-mek*.
> Tendremos que trabajar dos o tres años con otros investiga-
> dores, pues hasta ahora el *hetz-mek* se concebía como un
> ritual semejante a un bautizo, y de hecho muchos todavía
> reproducen el bautizo maya, pero eso es otra cosa." (Docente
> de pregrado).

Por otra parte, aunque las preguntas de la guía de entrevista fueron básicamente las mismas, se puede apreciar una
diferencia en el foco de interés de los docentes de ambos
tipos de universidades. Los docentes de las universidades

del centro se enfocaron más en sí mismos y sus procesos de deconstrucción y reconstrucción a partir de su debut en estos temas (ubicándose como sujetos transformadores), mientras que los de las universidades de la periferia se concentraron más en los temas como objetos de estudio y en su enseñanza en los salones de clase. Quizá esto tiene que ver con la formación profesional de los propios docentes o tal vez con el programa de estudios en el que están adscritos. Otra explicación posible (aunque sujeta a una indagación más profunda) es que los profesores de las universidades del centro están más involucrados en las discusiones sobre los derechos humanos (individuales), lo que los lleva a mirar primero hacia adentro, es decir, a sí mismos, y los profesores de las universidades de la periferia conviven más con otro tipo de derechos, los derechos colectivos de los pueblos indígenas, por lo que estarían más habituados a mirar hacia afuera, es decir, a los otros. Esta es una cuestión que solo planteamos y dejamos abierta para futuras investigaciones. También sería interesante continuar con el debate sobre la tensión entre los derechos humanos (de los más vulnerables –mujeres, integrantes de la diversidad sexual, discapacitados, personas que viven con VIH–) y los derechos de los pueblos y las mujeres indígenas.

Referencias bibliográficas

Pulido, R. (2005). "Sobre el significado y los usos de los conceptos de interculturalidad e multiculturalidad". En Fernández García, T. y García Molina, J. (coords.) *Multiculturalidad y Educación: teorías, ámbitos y prácticas*. Madrid, España: Alianza, 19-35.

Wallerstein, I. (1999). *El moderno sistema mundial*. Vol. 1. México DF, México: Siglo XXI.

Hacia un orden igualitario y no discriminatorio: la enseñanza de género y sexualidad en las universidades de Chile

Teresa Valdés - José Olavarría - Rodrigo Molina

Este artículo presenta los resultados de la investigación llevada a cabo en Chile sobre cómo se imparten el género y la sexualidad en las universidades públicas y privadas. Su objetivo fue descubrir los factores que obstaculizan o favorecen su enseñanza en distintas escuelas y facultades universitarias y las estrategias que pueden ayudar a fortalecer su presencia.

Chile inició programas públicos en materia de derechos sexuales y reproductivos en la década de 1960: el desarrollo de un programa de educación sexual en las escuelas comenzó en 1964 y los de control de fecundidad en los servicios de salud pública datan de 1968. La dictadura conservadora iniciada con el golpe de Estado de 1973 los restringió e interrumpió el proceso de modernización social y cultural. El programa de control de fecundidad sufrió severas restricciones –especialmente en la promoción de la anticoncepción entre las mujeres de sectores pobres y con poca educación– y el de educación sexual fue desechado y los materiales pedagógicos quemados. Hacia el final del gobierno militar se prohibió el aborto terapéutico. Desde 1990, los gobiernos democráticos han intentado avanzar en equidad de género y derechos sexuales y reproductivos, pero han enfrentado muchas dificultades, así como la fuerte oposición de los sectores conservadores y de la jerarquía católica.

Las mujeres y el movimiento feminista en primer lugar, más tarde el movimiento gay, y luego el gay, lésbico, trans y bisexual (GLTB), han sido los actores principales en esta lucha sociocultural y política. Académicas y académicos comprometidos con estos movimientos sociales desempeñaron y siguen desempeñando un rol importante en el establecimiento de una agenda pública para la igualdad y también en las universidades, al investigar y enseñar sobre género y sexualidades, especialmente en Ciencias Sociales, Humanidades, Derecho y carreras de la salud, en el marco del constructivismo social.

A pesar de la progresiva extensión de la investigación y la enseñanza de género en las universidades chilenas y de la existencia de un contexto cultural y político favorable, numerosas dificultades obstaculizan su institucionalización e inhiben la incorporación de la enseñanza sobre sexualidades. Tales obstáculos incluyen las reformas universitarias neoliberales que condujeron a la privatización creciente de la educación superior y la reducción del financiamiento público, así como a un cambio en el balance político entre los sectores progresistas y conservadores dentro del sistema universitario. Para hacer frente a estas dificultades y barreras, los actores comprometidos con la igualdad de género y la no discriminación deben desarrollar una amplia gama de estrategias, que se delinean en este artículo.

Contexto

Chile es un país pequeño, de 16,5 millones de habitantes. El 86,6% de la población vive en zonas urbanas y el 4,6% pertenece a pueblos indígenas. Hay una baja tasa global de fecundidad (1,8 hijos, 2005-2010) y la esperanza de vida al nacer ha aumentado hasta 81,5 años para las mujeres y 75,5 años para los varones, mientras que el uso de anticonceptivos alcanza al 61% de las mujeres en edad fértil. Chile se encuentra en un nivel de desarrollo medio y si bien ha reducido la pobreza al 13,7% de la población en 2006, existe una alta concentración de la riqueza en una parte reducida de la población: el 10% más rico capta el 37,2% de la renta nacional y el 40% más pobre solo el 14,6% (CEPAL, 2008).

En 2005, Chile ocupó el lugar número 40 en el Índice de Desarrollo Humano (IDH) con un valor de 0,867 puntos. A pesar de que ocupa el mismo lugar en el Índice de Desarrollo Relativo al Género (GDI), con un valor de 0,859 puntos, en el Índice de Potenciación de Género (IPG) Chile desciende hasta el lugar 60, con un valor de solo 0,519 puntos (PNUD, 2007). Esto demuestra las deficiencias y debilidades del país en el tema de la igualdad de género y no discriminación.

El analfabetismo ha disminuido fuertemente, la escolarización de las mujeres y los varones supera, en promedio, los diez años (MINEDUC, 2007) y desde 2003 es obligatorio cursar 12 años de enseñanza, básica y media. La participación económica de las mujeres ha aumentado considerablemente –sobre el 45% en las zonas urbanas-, pero todavía las tasas de desempleo en mujeres y jóvenes son más altas que el promedio y se mantienen elevadas disparidades en los ingresos por trabajo promedio entre mujeres y varones (30%). La brecha aumenta entre las mujeres con educación superior, a nivel de grado y posgrado. En el poder político, para el período 2006-2010 las mujeres ocupan solo 20 de los 156 asientos del Parlamento (12,7%).

Las y los jóvenes chilenos han experimentado importantes cambios en las últimas dos décadas, con un notable aumento de los niveles de escolarización y asistencia a la universidad, y de las expectativas de integración social y económica asociadas a la educación superior. Además de aumentar los niveles de escolaridad, la matrícula universitaria se ha triplicado: de 146.720 alumnas y alumnos en 1991 a 448.613 en el año 2007 (CSE, 2008). Estos cambios favorecen la participación de las mujeres en el mercado laboral y en la política, cambiando las relaciones de género tradicionales, tanto en el ámbito público como en el privado.

Tras varias décadas de gobiernos democráticos, Chile vivió bajo una dictadura militar conservadora de 1973 a 1990, una época en que los derechos humanos fueron sistemáticamente violados. A partir de la movilización social, en 1990 se restableció la democracia. Una vez en el poder, los gobiernos progresistas pusieron énfasis en los derechos humanos como fundamento del orden político, social y cultural, promulgaron nuevas leyes y persiguieron a quienes violaron derechos humanos (tanto militares como civiles). Los gobiernos democráticos se comprometieron también con la igualdad de oportunidades para mujeres y varones, con el objeto de superar las históricas desigualdades de género. Este compromiso se materializó en la creación del Servicio Nacional de la Mujer (SERNAM, el Ministerio de la Mujer), que ha implementado políticas y programas destinados a reducir las desigualdades de género y las prácticas discriminatorias existentes en el país. Su misión incluye, además, la implementación de la Convención sobre la Eliminación de Todas las Formas de Discriminación contra la Mujer (CEDAW, según su sigla en inglés), ratificada por Chile a fines de 1989.

El país muestra importantes avances a partir de la implementación de dos Planes de Igualdad de Oportunidades entre Mujeres y Hombres (1994-1999 y 2000-2010), la creación de un Consejo Interministerial para la Igualdad de Oportunidades (2000), compromisos ministeriales anuales para la igualdad de género y la inclusión de indicadores de igualdad de género en el Programa de Mejoramiento de la Gestión Pública (PMG),[13] en las políticas públicas

---

[13]   Nos referimos a la Convención sobre la Eliminación de Todas las Formas de Discriminación contra la Mujer, la Convención Interamericana para Prevenir, Sancionar y Erradicar la Violencia contra la Mujer (Belém

y programas sociales. También se han incorporado en importante medida los acuerdos internacionales sobre derechos humanos de las mujeres en el ordenamiento jurídico nacional.[14] Se han aprobado una serie de leyes muy relevantes, como la de divorcio, la que penaliza la violencia doméstica, otra sobre violencia sexual, sobre el acoso sexual en el trabajo, la licencia por paternidad, la ley del Sida, se crearon los Juzgados de Familia, se consagró el derecho de las adolescentes embarazadas y madres a continuar su educación en el sistema escolar, se estableció el test obligatorio de paternidad en el caso de hijos nacidos fuera del matrimonio, se consagró la igualdad entre niños/as nacidos/as dentro y fuera del matrimonio, se penalizó el tráfico de personas, se despenalizó la sodomía. El Ministerio de Salud dictó las Normas Nacionales de Regulación de la Fertilidad y las Normas y Guía clínica para el tratamiento de víctimas de la violencia sexual en los servicios de emergencia (MINSAL, 2004, 2006).

Chile tiene una larga tradición de políticas públicas relacionadas con los derechos sexuales y reproductivos, específicamente en el área de control de la natalidad, embarazo y asistencia profesional del parto, y control de infecciones de transmisión sexual. Los gobiernos democráticos extendieron y modificaron estas políticas para satisfacer las nuevas necesidades derivadas de transformaciones socioculturales así como los desafíos surgidos de la epidemia del VIH/Sida. Desde 1990 se han implementado

---

do Pará, 1994), los documentos emitidos por las Conferencias de las Naciones Unidas, como la Plataforma de Acción de Beijing (1995), el Programa de Acción de El Cairo (1994), la Declaración de Viena (1993), y el Programa de Acción Regional para las Mujeres de América Latina y el Caribe 1995-2001 (Mar del Plata, 1994).

[14] En 2008, 36 diputados conservadores lograron que el Tribunal Constitucional declarara ilegal la distribución de la "píldora del día después" en los consultorios públicos de los barrios populares.

diferentes iniciativas destinadas a incorporar la educación sexual en las escuelas, pese a la oposición de los sectores conservadores, que sostienen que es responsabilidad de las familias impartir educación sexual a sus hijos e hijas. Sin embargo, hay desigualdades significativas en el acceso a estos derechos para algunos grupos y sectores, en particular las mujeres de bajos ingresos, los adolescentes, y las poblaciones rurales e indígenas.

Hoy en día, tras veinte años de gobiernos constitucionales, las instituciones democráticas están consolidadas. Sin embargo, el proceso de democratización aún está incompleto, el sistema electoral sobre-representa a los partidos políticos conservadores que son minoritarios, y para cambiar las leyes constitucionales se requiere un quórum parlamentario muy elevado.

La Iglesia Católica tuvo un compromiso muy importante con los sectores populares y bajo la dictadura de Pinochet luchó por los derechos humanos y apoyó a las organizaciones sociales y los movimientos democráticos. Los cambios en el balance de posiciones dentro de la Conferencia Episcopal chilena llevaron a un liderazgo más conservador cuando el país volvía a la democracia. De este modo, en la transición a la democracia la jerarquía católica ha asumido posiciones más conservadoras, al tiempo que detenta mayores cuotas de poder social por el rol jugado bajo la dictadura.

La sobre-representación de los sectores conservadores en el Parlamento impide un avance más rápido hacia la igualdad. El debate y la implementación de cada ley conducen a fuertes controversias ideológicas en torno a las ideas de igualdad de género y no discriminación. Las autoridades eclesiásticas se oponen –con presiones privadas y a veces públicas– a aquellas políticas relativas a la sexualidad, la familia y la educación, e intentan imponer su propia "Agenda Valórica", haciendo caso omiso a que el comportamiento de mujeres y hombres se está desplazando en una dirección diferente.[15] Los medios de comunicación, en su mayoría propiedad de empresarios conservadores, aceptan sus presiones (Rajevic, 2000). Por lo tanto, la aprobación en el Parlamento de varios proyectos de ley se ha visto retrasada: la ley de cuotas, la ley sobre derechos sexuales y reproductivos –ámbito en que las desigualdades socioeconómicas son evidentes– y de varias leyes relacionadas con los derechos de la población GLTB, a pesar de contar con apoyo en la opinión pública y de la voluntad política del gobierno, especialmente bajo la presidencia de Michelle Bachelet.

El avance en igualdad de género, diversidad sexual y derechos sexuales y reproductivos va de la mano con la acción de los movimientos sociales -con un liderazgo feminista-, que han luchado durante décadas por la igualdad y la libertad. En los años ochenta, el movimiento social de mujeres se logró articular y ganar fuerza al seguir la agenda por los derechos humanos y la agenda en favor del cambio de las relaciones de género. Se elaboraron propuestas que fueron incluidas en el programa del primer gobierno democrático en 1990, las que dieron origen a la creación del Servicio Nacional de la Mujer en 1991 y a numerosos cambios legislativos, con políticas y programas gubernamentales orientados a la igualdad de género que se mantienen hasta el día de hoy (Frohmann y Valdés, 1995; Valdés *et al.*, 2001). Sin embargo, la ambivalencia y la lucha política han retrasado aquellos programas que apoyan el ejercicio de la sexualidad –en materia de derechos sexuales, educación sexual, diversidad sexual y acceso universal a la salud sexual y reproductiva–, así como los que profundizan la igualdad de género e igualdad de oportunidades para mujeres y hombres en el mercado laboral y la representación política.

---

[15] En 2008, 36 diputados conservadores lograron que el Tribunal Constitucional declarara ilegal la distribución de la "píldora del día después" en los consultorios públicos de los barrios populares.

El sistema universitario chileno

La primera universidad chilena fue creada en 1622. El sistema universitario establecido durante la segunda mitad del siglo XIX ha crecido a un ritmo acelerado. En 1940 contaba con ocho mil estudiantes y para 1960 ya tenía 24 mil. A fines de la década del sesenta, el sistema experimentó una "masificación" en el marco de la reforma universitaria: la matrícula aumentó de 55 mil estudiantes en 1967 a 150 mil en 1973.

Después del golpe de Estado, las universidades fueron controladas por oficiales militares, y muchos profesores fueron perseguidos y despedidos. Los temas de género y sexualidades fueron casi totalmente excluidos de las universidades, con pocas excepciones. En 1981, el gobierno militar reestructuró la organización de la educación superior, con miras a optimizar la administración educativa y hacerla más dinámica ante la creciente demanda de educación. A partir de dos universidades públicas nacionales, desde 1981 se crearon 16 universidades regionales y el gobierno decidió no aumentar su financiamiento. Paralelamente se creó un sistema de educación superior no universitario. Como resultado de estas medidas, las universidades privadas se expandieron desde 6 instituciones tradicionales muy conocidas en 1981 a 45 en el 2007, algunas de ellas propiedad de grupos religiosos y de empresarios que buscan la reproducción de sus bases ideológicas, sociales y económicas. A pesar de que legalmente las universidades no pueden tener fines de lucro, en los últimos años varias han sido vendidas a grupos económicos nacionales y transnacionales como empresas altamente rentables, dado que los estudiantes que cursan estudios en estas universidades reciben subvenciones del Estado en forma de becas y acceden a créditos con bajas tasas de interés. La matrícula universitaria ha experimentado un fuerte incremento, especialmente desde 1990. La matrícula de pregrado pasó de 110.000 en 1983 a 448.613 en 2007 (MINEDUC, 2005; CSE, 2008), concentrada en las universidades privadas. Hoy en día, el sistema universitario chileno está compuesto por 61 universidades, 16 públicas y 45 privadas; algunas se han expandido a numerosas ciudades convirtiéndose así en universidades nacionales.

Metodología

La estrategia de investigación incluyó: 1) un mapeo de todos los cursos sobre género y sexualidad ofrecidos por las universidades chilenas a través de Internet; 2) una encuesta electrónica a profesores/as universitarios/as que enseñan sobre género e incluyen temas de sexualidad en sus cursos; 3) entrevistas en profundidad a profesores/as universitarios/as especializados/as en género y/o sexualidad; y 4) entrevistas a autoridades de universidades públicas y privadas.

Los sitios en Internet de las universidades permitieron elaborar un cuadro de los cursos sobre género y sexualidades ofrecidos en Ciencias Sociales y Humanidades, Derecho, Pedagogía y carreras relacionadas con la salud, tanto en universidades públicas como privadas de todo el país, a nivel de pregrado y de posgrado. Los informantes nos ayudaron a identificar el universo de los/as docentes, entre los que entrevistamos a una muestra de 20 profesores/as universitarios/as, tanto senior como académicos jóvenes, de universidades públicas y privadas y de diferentes áreas académicas, abarcando tres regiones geográficas. También se entrevistó a 7 autoridades universitarias que representan a importantes universidades públicas y privadas de Santiago, que tenían a su cargo o bajo su dependencia definir las mallas curriculares de las carreras de pregrado.

Resultados

Un primer resultado de la investigación fue la reconstrucción de la historia de la enseñanza de género y sexualidades en las universidades chilenas. Es una historia breve, muy sensible a los procesos políticos del país. Encontramos dos núcleos en un reducido número de académicos/as, en su mayoría feministas, que fueron quienes impulsaron ese desarrollo. Al mismo tiempo, la creación del campo de los estudios de género y sexualidad en Chile está vinculada a los movimientos sociales y a las políticas públicas.

En la década de 1960, por primera vez se formuló e implementó un programa de planificación familiar –control de la fecundidad– en el sistema de salud pública, como respuesta a las altas tasas de mortalidad materna. Esto llevó a la primera experiencia de enseñanza sobre sexualidad, una experiencia aislada que nació en la Facultad de Medicina de la Universidad de Chile, que hasta ese momento no ofrecía cursos en esta materia:

> "En 1968, los estudiantes de Salud Pública, Ginecología y Obstetricia se acercaron a nosotros y nos preguntaron: '¿Qué sabemos de sexualidad? ¿Cuándo se nos ha enseñado sobre sexualidad?'. Nos dimos cuenta de que nosotros, como profesores, no sabíamos nada, no teníamos una visión global, ni siquiera podíamos enseñar ni elaborar programas, solo podíamos dar visiones generales." (Ramiro Molina, de la generación pionera).

La Facultad de Medicina de la Universidad de Chile no integró esta experiencia creada por estudiantes y profesores, y solo de forma intermitente ofrece cursos electivos sobre sexualidad y antropología cultural para los estudiantes de Medicina y Obstetricia. Solo 15 años después, en el contexto del aumento de los embarazos de adolescentes, el profesor Molina tuvo éxito con la creación del Departamento de Obstetricia y Ginecología Adolescente, destinado a la asistencia integral a adolescentes embarazadas, que evolucionó hacia la creación del Centro de Medicina Reproductiva y Desarrollo Integral del Adolescente (CEMERA), una unidad dentro de la Facultad de Medicina. Sin embargo, la enseñanza de género y sexualidad solo sigue estando esporádicamente presente en dicha facultad.

La segunda experiencia tuvo lugar a fines de los años ochenta en la Universidad de Concepción, en el sur de Chile. Dos mujeres pioneras en el campo de la literatura, ambas con estudios de posgrado en Estados Unidos, empezaron a desarrollar investigación feminista e iniciaron la docencia en estudios de la mujer:

> "En 1989 organizamos un congreso para conmemorar el nacimiento de Gabriela Mistral, chilena Premio Nobel de Literatura, y para leer lo que no se había leído hasta entonces. En ese momento empezaron a aparecer textos críticos sobre la obra inédita de Mistral. Establecimos vínculos con mujeres de California que estaban en la misma tarea y creamos un círculo de mujeres en la literatura. Había dos mujeres chilenas trabajando en la misma dirección, Ivette Valverde y Patricia Pinto, de la Universidad de Concepción. En el Quinto Encuentro Feminista de América Latina, en San Bernardo, Argentina, estas dos mujeres mayores, no integradas al movimiento feminista chileno, nos contaron que querían desarrollar un programa de estudios de género en el Departamento de Literatura de esa universidad. Fue la primera experiencia en el país. Ellas tenían mucha resistencia en la Universidad de Concepción, eran miradas de manera muy desagradable por sus colegas. Las miraban como tontas, no como locas, que es peor. Como dos mujeres que no tenían ningún brillo, que decían puras obviedades. En San Bernardo, donde nos fuimos como integrantes de la ONG feminista La Morada, estas dos mujeres nos pidieron consejo y ayuda. Nos invitaron a participar en las actividades en sus escuelas de verano. Fueron las primeras dos mujeres que,

con una visión poética y extravagante, crearon el Diploma de Estudios de Género que, entiendo, ya no se ofrece."[16] (Raquel Olea, de la generación pionera).

Solo en los años noventa es posible encontrar una incorporación más sustantiva de género en las universidades chilenas, que se produjo principalmente en las áreas de Humanidades y Ciencias Sociales. Este proceso se vio favorecido por el retorno a la democracia, cuando las académicas de ONGs empezaron a incorporarse a las universidades.

"Cuando volví a Chile en 1989, fui invitada al primer curso de teoría feminista que se daba en la Universidad de Chile, al que asistieron unas 150 o 200 personas. Acababa de llegar y conocí a la comunidad cultural feminista. Nelly Richard, Carmen Berenguer, Olga Grau y Raquel Olea asistieron al curso. A partir de ese momento empecé un proyecto en el Servicio Universitario Mundial (SUM) que apoyaba a las personas que regresaban del exilio. Eran proyectos pequeños, pero simbólicamente importantes y mi intención fue iniciar un programa de género en la Universidad de Chile. Lo utilicé para eso. Me quedé mitad del año aquí y la otra mitad en Estados Unidos, pero en 1994-1995 me dieron un ultimátum: me quedaba o regresaba. Y decidí regresar, puesto que ya tenía un programa de género. Nos llamamos el Centro de Estudios de Género y Cultura. Tiene dos unidades, una unidad de sexualidad y género, y una unidad de trabajo y educación." (Kemy Oyarzún, de la generación pionera).

El Servicio Nacional de la Mujer en 1991 inició las políticas de igualdad de oportunidades y de género, legitimando la acción de estas profesionales, ayudándoles a ingresar, desde los márgenes, a las universidades chilenas. En este nuevo escenario, el género comenzó a desarrollarse en el

---

[16]   El programa desapareció después de que Ivette Valverde murió y Patricia Pinto se jubiló. Una tercera académica lo sostuvo por algunos años, pero decidió hacer un doctorado en Filosofía y también se retiró.

sistema universitario. Sin embargo, se basaba principalmente en la iniciativa personal. Por lo tanto, la institucionalización ha seguido los altos y bajos de estos esfuerzos personales, por lo general con poco apoyo oficial. Este fue el caso del mencionado Programa de Estudios de Género de la Universidad de Concepción. Una vez que las tres mujeres líderes del programa murieron o jubilaron, el programa dejó de existir.

Hay una diferencia importante entre la incorporación de género y sexualidades en las universidades: la inclusión de género ha sido más exitosa comparada con la de los temas de sexualidad, que han encontrado barreras ideológicas y políticas más poderosas, excepto en algunas carreras de salud y en las universidades católicas que ofrecen cursos sobre sexualidad relacionados con la religión o la moral.

En las entrevistas identificamos tres generaciones de académicas/os que realizan investigación y docencia sobre género –y algunas de ellas sobre sexualidades– en las universidades chilenas.[17] Cada generación de académicas/os tiene una trayectoria particular, como el momento en el que entraron al campo de los estudios de género y/o sexualidad, su formación y especialización, su relación con movimientos sociales, su contribución a las políticas públicas y su inserción institucional. Estas diferencias reflejan los procesos sociales y políticos descritos en la sección anterior. Cada generación ha jugado un papel diferente en el desarrollo de la enseñanza y la investigación sobre género –y sexualidades– en las universidades.

---

[17] Entre las y los 20 entrevistados, ocho tenían entre 56 y 69 años (siete mujeres y un hombre), una generación que trabajó profesionalmente antes del golpe militar, nueve tenían entre 40 y 52 años (siete mujeres y dos hombres), formados en las universidades bajo el régimen militar, y tres de entre 31 y 34 años (dos mujeres y un hombre), que estudiaron en la universidad durante los gobiernos democráticos.

La generación mayor (56 años y más) es autodidacta, llegó a los estudios de género y/o sexualidades a partir de su experiencia de vida, el proceso sociopolítico vivido por el país -el desarrollo de conciencia de género-, sus trayectorias políticas -la crítica a los partidos políticos y la participación en el movimiento feminista-, las preguntas de investigación para comprender la opresión de las mujeres o el trabajo profesional con mujeres -psicólogas, médicos, matronas y profesoras/es-. Casi todas/os hicieron estudios de posgrado -que incluyeron la especialización en género- una vez que tenían alguna experiencia académica o de participación en el movimiento feminista. Algunas estudiaron mientras vivían en el exilio, durante la dictadura de Pinochet. Se definen a sí mismas como feministas y se han comprometido políticamente con el movimiento de mujeres. La mayoría contribuyó a crear el campo de estudios de la mujer y de género en Chile y a la apertura de espacios académicos en las universidades públicas y privadas en los años noventa, con el apoyo de organismos internacionales, como parte de su compromiso con la causa feminista.[18] Solo dos obtuvieron su cargo académico en los últimos años a través de concurso público.

La siguiente generación (38 a 52 años) obtuvo sus grados académicos bajo el gobierno militar, y con frecuencia tuvieron relación con una figura influyente -académica, feminista o política- que les ayudó en su formación y en definir su camino. Se involucraron en el movimiento de mujeres, el movimiento homosexual y de personas viviendo con VIH/Sida, el movimiento de derechos sexuales y reproductivos o en la lucha por la democracia. Algunas/os trabajaron inicialmente en el Ministerio de Salud o el Servicio Nacional de la Mujer y obtuvieron sus actuales

---

[18]   No se entrevistó a sexólogos ni encontramos cursos impartidos por estos profesionales en las páginas web de las universidades chilenas.

cargos académicos a través de concurso público. Otras/os fueron invitados a enseñar por su experiencia y capacidad para desarrollar cursos sobre género y/o sexualidades.

La generación más joven (31 a 34 años) llegó a los temas de género y sexualidad a través de su socialización familiar y/o el contacto personal con una figura académica clave. Han sido alumnas/os de las generaciones anteriores y obtuvieron su grado académico en el período democrático, cuando ya había cursos sobre género en las universidades y las políticas públicas de igualdad de oportunidades para hombres y mujeres se habían multiplicado. Comenzaron su especialización en género y/o sexualidad como estudiantes de pregrado, su tesis abordó temas de género y sexualidad e hicieron estudios de posgrado, algunos en el extranjero. Su participación en ONGs ha sido en temas de sexualidad, diversidad sexual y VIH/Sida. No han participado en el movimiento de mujeres. Obtuvieron sus cargos académicos a través de concurso público en los últimos cinco años. Esta generación más joven ha sido contratada para impartir cursos ya existentes y ha tenido menos oportunidades de proponer nuevos cursos sobre género y/o sexualidades.

La generación mayor hizo posible que en los años noventa algunas carreras ofrecieran cursos electivos y seminarios sobre mujer, género y sexualidad. Montecino y Rebolledo (1995) señalan tres factores que contribuyeron: la existencia de académicas formadas en los ochenta en ONGs y centros académicos independientes, la llegada al país de investigadoras e intelectuales con estudios de posgrado en universidades del hemisferio norte, y la presión ejercida por estudiantes en el contexto de un movimiento de mujeres activo y exitoso en los noventa. En ese momento, algunas académicas feministas de las ONGs decidieron realizar acciones para influir en las universidades en el sentido de incorporar investigación y docencia en género:

"A fines de los ochenta estábamos tratando de ofrecer algunas charlas a través de los centros de alumnos. Recuerdo que fuimos a la Universidad Católica, junto con Margarita Pisano. Al regreso, estaban todas las compañeras expectantes para ver qué había sucedido. Si podíamos intervenir en el mundo académico, hacíamos una marca. En 1990 organizamos un seminario para proponer la creación de un área de género en las universidades privadas nuevas, y fuimos a la Universidad Andrés Bello, donde trabajaba Jaime Hales, que tuvo buena reacción. Cuando Kemy Oyarzún llegó a la Universidad de Chile, organizamos un seminario llamado "Nos-otras" para estudiantes de pregrado. Se invitó a muchas personas, de arte, de literatura. Así establecíamos contacto con personas que sabíamos que tenían alguna receptividad." (Olga Grau, de la generación pionera).

Varias universidades crearon después programas o centros de estudio, la mayoría en el área de Ciencias Sociales o Humanidades. Los que estaban más consolidados comenzaron a ofrecer programas de posgrado, diplomados y más tarde maestrías o especialidades en maestrías. Esto fue posible gracias al liderazgo académico, el apoyo de organismos internacionales y, más tarde, del Servicio Nacional de la Mujer, como parte de sus políticas de recursos humanos destinadas a contar con especialistas en género. En su auge hubo 14 universidades con programas que ofrecían enseñanza, investigación y otras actividades académicas sobre género, y ocasionalmente sobre sexualidades (Escobar *et al.*, 2001). Hoy sobreviven solo 7 de estos programas, 5 de ellos en Santiago. El resto desapareció debido a problemas de financiamiento, cambio de las autoridades y las políticas universitarias, o por la muerte, jubilación o traslado de las académicas a cargo.

En la actualidad, en las universidades chilenas se realiza enseñanza de género y sexualidades en las áreas de

Humanidades, Ciencias Sociales, Ciencias de la Salud, Educación y Derecho, pero la mayoría se concentra en Ciencias Sociales y Humanidades. Son insuficientes los cursos obligatorios, pero se ofrece un buen número de cursos electivos cada año. Las universidades católicas ofrecen pocos cursos electivos sobre género, pero sí lo hacen sobre "Sexualidad y ética", "Moral sexual y matrimonial", "Sexualidad y el amor en el Cristianismo" y "Madurez cristiana, amor y sexualidad".

Las universidades públicas ofrecen cursos electivos tales como "Teorías de género", "Identidad de género: espacios y posiciones", "Sexualidad y género", "Sexualidades y conversaciones", y "Desafíos del SIDA en el nuevo milenio". En las Ciencias de la Salud se imparten cursos optativos como "Sexualidad, fecundidad y procreación", "Sexualidad y autocuidado", "Sexualidad Humana", "Educando la sexualidad" y "Sexualidad Clínica".

Al igual que en los años noventa, los estudiantes se interesan en estos temas abiertos por la agenda pública sobre la equidad de género y por los movimientos sociales en torno a la salud y los derechos sexuales y reproductivos y el VIH/Sida. El incremento anual de tesis sobre sexualidad y género ha llevado al aumento de los seminarios de grado sobre estos temas en varias universidades. Se puede decir que el proceso de institucionalización se produce "desde abajo" y "desde adentro" (encontramos un caso excepcional en que la incorporación de un curso obligatorio sobre sociología del género era una política universitaria). En la mayoría de los casos, en cada escuela, departamento o facultad hay un solo profesor/a que enseña género e incluye temas de sexualidad. La mayoría son mujeres, aunque se van sumando paulatinamente hombres.

Género y sexualidad en las universidades en cifras

Según una búsqueda en Internet realizada en 2006, de 61 universidades chilenas 33 incluyeron explícitamente temáticas de género y/o sexualidades entre 2004 y 2006. La mayoría iniciaron la incorporación de estos temas el año 2000: 53 cursos obligatorios de pregrado, 25 cursos electivos, 14 diplomados o cursos dentro de un diplomado, 11 programas de magíster o cursos dentro de un magíster y cuatro cursos en programas de doctorado. La encuesta electrónica entregó información sobre 26 cursos adicionales, que no fueron mencionados por las universidades en sus páginas web. En total, suman 133 cursos de género y/o sexualidades ofrecidos en universidades chilenas entre 2004 y 2006, con una marcada concentración en el nivel de pregrado y escasa presencia a nivel de doctorado.

El Servicio Nacional de la Mujer (2006) informó que entre los años 2000 y 2006 el número de universidades tradicionales (creadas hasta 1981), públicas y privadas, que ofrecieron cursos de género y/o sexualidades aumentó de 11 a 15. Esta situación es distinta entre universidades privadas creadas después de 1981, donde el número de cursos de género y/o sexualidades ha aumentado de tres a 16.

Nuevamente existe una variación importante entre disciplinas, que se puede ordenar de mayor a menor. Primero se encuentran las Humanidades, donde existen mayor libertad académica, desarrollo temático y oportunidades para el género y las sexualidades. En las Ciencias Sociales existe una gran variedad de niveles de inserción en las distintas universidades. En tercer lugar, están Medicina y Derecho, donde las experiencias con estos temas son más precarias y vinculadas a la profesionalización de estas disciplinas. Un caso sorprendente es Educación, donde no existen cursos de género y sexualidades en la malla curricular. Los y las profesoras que deben enseñar estas materias en los colegios no reciben una formación especial sobre estos temas. La excepción son los cursos electivos ofrecidos a estudiantes de Pedagogía en Biología y Ciencias Naturales.

La presencia de cursos y programas de posgrado identificados es altamente inestable. Algunos de los encontrados en Internet o mencionados por los profesores en la encuesta electrónica desaparecieron el año 2007. La inestabilidad se relaciona con el hecho que gran parte de los cursos de género y sexualidades ofrecidos en las universidades surgen de la capacidad y gestión de los/as académicos/as interesados y no necesariamente de las decisiones de las autoridades que están a cargo de las mallas curriculares.

Marcos conceptuales y prácticas de enseñanza en género y sexualidad

Las perspectivas conceptuales sobre género y sexualidad están vinculadas a las disciplinas. En las Humanidades se constata la presencia de los estudios culturales y el psicoanálisis. En Sociología y Antropología el paradigma dominante es el constructivismo social, mientras que en Psicología están presentes tanto el constructivismo social como el psicoanálisis.[19] En las Ciencias Médicas –Medicina y Obstetricia– se han hecho esfuerzos por incorporar los conceptos de las Ciencias Sociales al modelo biomédico que prevalece. En Derecho y Pedagogía se ha producido una incorporación instrumental de los conceptos desarrollados en las Ciencias Sociales, con poca o ninguna discusión sobre las implicaciones de estas nociones en su quehacer profesional.

---

[19] No se entrevistó a sexólogos ni encontramos cursos impartidos por estos profesionales en las páginas web de las universidades chilenas.

Hay diferencias importantes entre los autores considerados fundamentales para los cursos de género y/o sexualidad entre los académicos de Ciencias Sociales y aquellos del campo de la salud sexual y reproductiva. Los autores mencionados con más frecuencia por los entrevistados de Ciencias Sociales fueron Michel Foucault, Jeffrey Weeks y Marta Lamas, seguidos por Joan Scott, Gayle Rubin y Judith Butler. Menos menciones reciben Marcela Lagarde, Teresita de Barbieri, Anthony Giddens, Teresa Valdés y Sonia Montecino, seguidos por Pierre Bourdieu, Simone de Beauvoir, Norma Fuller y Michel Bozon. Las/os autoras/es Beatriz Preciado, Pick de Weiss, Rebecca Cook, William Simon y John Gagnon, R.W. Connell, Julieta Kirkwood, Olga Grau, José Olavarría, Carlos Cáceres, Wilhelm Reich, Ramiro Molina y Débora Tajer fueron mencionados con menor frecuencia. Finalmente, hay una larga lista de autores/as con una sola mención. Tres de los entrevistados del área de Medicina o Pedagogía en Biología mencionaron como autores a Ramiro Molina (y colaboradores) y Pick de Weiss y solo uno de ellos mencionó a un autor de los señalados por los académicos/as de las Ciencias Sociales.

Esa dispersión puede reflejar la especialización y/o disciplina de origen de cada entrevistado/a. Sin embargo, se da una paradoja: si bien la mayoría proviene de las Ciencias Sociales y las Humanidades, no encontramos una base teórica común, y hay omisiones importantes de autores del hemisferio norte y de América Latina. Las y los profesores de la universidad enfrentan resistencias, prejuicios y predisposiciones hacia la enseñanza de género y sexualidad, que varían entre las instituciones, las regiones, el género y las características ideológicas y culturales de los estudiantes. Los estudiantes mayores se acercan a estos temas con más seriedad; aquellos que son sacerdotes o pertenecientes a grupos evangélicos ponen las mayores barreras. Las/os entrevistadas/os señalaron entre las resistencias a la enseñanza de género y sexualidad, que se trata de temas de mujeres, que impuestos por mujeres y que son "feministas". Hay resistencias ideológicas y políticas desde la izquierda, temerosa de que la noción de género pueda sustituir a la de clase social. Muchos suponen que solo "gente rara", con problemas sexuales, puede interesarse en la enseñanza e investigación sobre sexualidad. Algunos consideran que estos cursos no corresponden al ámbito de la enseñanza universitaria, que carecen de estatus académico, que son inferiores a otros cursos de carácter teórico o metodológico y que son una pérdida de tiempo. Algunos profesores sostienen que estos temas deben ser tratados en el marco de otras materias específicas, como familia y educación, biología o psicología. A pesar de estas resistencias y dificultades, las/os docentes indican que perciben un cambio de actitud entre la mayoría de sus alumnos a lo largo de los cursos.

Las y los académicos describen una serie de estrategias para facilitar la recepción de estas materias y superar las resistencias que encuentran entre las/os estudiantes. Entre ellas, el uso de la experiencia de vida, la inclusión de trabajos prácticos, de dinámicas participativas, de información estadística y resultados de investigación y también de material audiovisual y literario. Para hacer frente a la descalificación de las teorías de género y sus categorías, aplican diferentes tácticas: "Yo utilizo estadísticas de género para hacer más objetivas las afirmaciones sobre desigualdad y discriminación"; "Tengo que incluir autores conocidos que no puedan ser rechazados, hombres y mujeres; por ejemplo, Marx y Engels, Bourdieu, Giddens, Castells, Simone de Beauvoir o Margaret Mead". Los estudiantes aceptan más fácilmente que estos autores clásicos aborden cuestiones de género o sexualidad y se abren a este ámbito de la realidad social.

La investigación sobre género y sexualidades

No todas/os las/os académicas/os hacen investigación. Quienes desarrollan esta actividad abarcan una amplia gama de proyectos, estudios y preguntas de investigación. Los temas señalados incluyen literatura, identidad, psicología, sexualidad, hasta clase y trabajo. Algunos investigadores están involucrados en varios proyectos a la vez, no siempre en la misma área temática. Esto se relaciona con los financiamientos disponibles (sean públicos o de agencias internacionales) y con la relación con políticas públicas.

Algunos de los temas de investigación que estaban desarrollando las personas consultadas, aunque no son representativos de todo el campo de género y sexualidad, entregan luces sobre los intereses de conocimiento: "Literatura e identidades"; "Identidades y representaciones: la creación de nuevos sujetos sociales, no articulados sobre concepciones tradicionales de lo femenino y masculino"; "Construcción y ruptura de lo femenino y lo masculino"; "Representación simbólica de lo femenino en política"; "Procesos de individuación en Chile y su relación con el género, la sexualidad y la afectividad"; "El movimiento gay y la marcha del 'Orgullo Gay' como expresión de una agenda política"; "Sexualidad: la sexualidad de los adolescentes, sexualidad de los grupos de inmigrantes, construcción del conocimiento sexual, conocimientos adquiridos en el cuerpo sexual, opiniones y actitudes de los estudiantes de la educación, la paternidad y la maternidad adolescente en las escuelas"; "Discriminación y homofobia en las universidades"; "Violencia de género"; "Género y dinámicas de género en las universidades"; "Género y clase"; "Movimientos sociales: control ciudadano de la equidad de género"; "Cambio social desde un punto de vista generacional"; "Economía, trabajo y género"; "Salud reproductiva: condón femenino, aborto terapéutico"; "Salud mental: depresión entre mujeres adolescentes"; "Derechos y regulación social: el ideal de derechos, subjetividad de temas sociales y vínculos sociales"; "Conocimiento: producción y circulación, propiedad de los conocimientos producidos".

Para muchas/os académicas/os entrevistadas/os su actividad principal es la docencia, y la carga que tienen impide que puedan llevar adelante una investigación. En otros casos la enseñanza y su relación con la universidad es parcial y discontinua, ya que su actividad principal puede estar en el sector público, en el ejercicio profesional privado, en instituciones privadas, ONGs y/o en estudios de posgrado.

La principal barrera para desarrollar investigación es la escasez de recursos. Pocas universidades cuentan con recursos financieros independientes para la investigación. La mayoría de los investigadores debe buscarlos a través de concursos públicos de investigación organizados por CONICYT (Consejo Nacional de Investigación Científica y Tecnológica), que privilegian a las ciencias duras por sobre las Ciencias Sociales. También hay convocatorias públicas de propuestas de investigación realizadas por organismos de gobierno como parte de las políticas públicas o planes presentes en su agenda. Esto determina los temas a ser investigados y los intereses de conocimiento, estableciendo límites a la libertad de investigación. Otras dificultades son la falta de recursos bibliográficos y la escasa producción teórica.

El diálogo con la política pública

A menudo la investigación está vinculada a la política pública, por el compromiso y afinidad de las/os académicas/os con la agenda de los movimientos sociales y porque es una fuente significativa de financiamiento. La mayoría de los entrevistados ha realizado investigaciones en diálogo con políticas públicas, en las ONGs o en organismos internacionales. Su relación con la política pública varía, pero la mayoría ha contribuido a su desarrollo, sea en educación sexual, embarazo adolescente, salud de las mujeres, derechos sexuales y reproductivos, sexualidad, VIH/Sida y diversidad, o estrategias de equidad de género. Algunos de estos estudios son críticos hacia las concepciones subyacentes en las políticas públicas actuales. Por ejemplo, cuestionan la forma en que el Estado incluye los temas de sexualidad en su modernización, las nociones y percepciones que tiene la gente de sus derechos, el tipo de sociedad y las relaciones de género que se están construyendo a través de políticas públicas específicas, y la relación entre las políticas públicas y los cambios sociales estratégicos.

El diálogo con los movimientos sociales

Las relaciones que las/os entrevistadas/os sostienen con los movimientos sociales varían. Las diferencias se vinculan con la generación a la que pertenecen, así como con sus trayectorias y opciones políticas. Para algunas/os investigadoras/es la participación social forma una parte importante de su trabajo en género y sexualidad. Otras/os declaran que no tienen tiempo para relacionarse con los movimientos sociales, que la relación con los movimientos sociales es difícil o que la intensidad y la soledad del trabajo académico no se lo permiten.

Los cambios experimentados por los movimientos sociales en Chile en los últimos 30 años, incluyendo su validez y visibilidad, así como el papel que han jugado en el desarrollo del campo de género y sexualidad, han influido en estas relaciones. En los años ochenta y noventa, el movimiento de mujeres tuvo una fuerte presencia en Chile, que se puede apreciar en la producción de conocimientos y la incorporación de la equidad de género en las políticas públicas. La epidemia del VIH/Sida también tuvo un gran impacto en el país al hacer visible la diversidad sexual y los movimientos sociales que luchan en torno al VIH/Sida y favorecer una relación activa entre éstos y los funcionarios gubernamentales a cargo de las políticas relativas a la epidemia. De esta experiencia surgió un fuerte movimiento GLTB, que desarrolló su agenda política desde una perspectiva de derechos. Cada uno de estos movimientos ha contado con el apoyo activo de académicas/os y, a su vez, ha contribuido al desarrollo de la docencia y la investigación en los campos de género y sexualidad.

Conclusiones

A partir de esta investigación se pueden distinguir factores que han actuado –y en gran medida siguen presentes– como barreras para la incorporación de los estudios sobre sexualidades y género en la currícula universitaria, así como otros que favorecen su integración, desde los que es posible definir una agenda y estrategia para tal efecto.

Las y los académicos entrevistados señalan múltiples factores que dificultan la inclusión de género y sexualidad en la currícula universitaria, que pueden variar según el tipo de universidad y la zona geográfica en que están ubicadas. A continuación describimos las que mencionan.

La herencia de la dictadura de Pinochet, plasmada en el conservadurismo, la mediocridad intelectual, la burocracia y los puntos de vista tradicionales sobre la ciencia que consideran que el conocimiento científico no debe contaminarse con lo que sucede en la sociedad. Esto se vio agravado por la exclusión de un gran número de profesores universitarios progresistas. Otra herencia de ese período, debido a las condiciones de jubilación de los profesores, es el envejecimiento de los académicos y las dificultades para incluir nuevos temas.

La orientación ideológica de algunas universidades que limita las posibilidades de discutir cuestiones de género y sexualidad. A veces, estas restricciones son explícitas y directas: los profesores no pueden verbalizar ni expresar sus ideas o valores cuando difieren de las posturas de la universidad:

> "Ésta es la Universidad Católica y uno como profesor sabe, no es necesario que sea dicho, que existe libertad de enseñanza, pero públicamente no puedes expresar ideas o valores que van en contra de la posición de la universidad. Estas restricciones están relacionadas con la inserción institucional y el criterio de la institución."

Para algunos académicos el tipo de conocimiento producido por los estudios de género y sexualidades representa un problema, ya que estos temas no estarían sujetos a la agencia humana: son parte del orden natural o divino y no deben cuestionarse. "Algunos colegas me preguntan: '¿Qué estás haciendo? Vas contra la naturaleza'". "Un colega estaba furioso porque estaba mal para una mujer discutir las Sagradas Escrituras".

La forma en que las disciplinas se organizan dentro de las universidades:

> "En la Universidad de Chile se separó las Ciencias Sociales de las Ciencias Humanas en la época de la dictadura. Ése diría que es el peor obstáculo que existe, porque quedó todo el tema de la sexualidad en Ciencias Sociales, en Psicología, como tema de la Sexología. Está bien plantear Sexología, pero si [se] plantea con una mirada crítica al conductismo, el positivismo, la tecnocracia. Si se trata la sexualidad para ver si tienes buen sexo o mal sexo, todo esas deformaciones de los sexólogos, ello solo se puede ir subsanando con una mirada crítica que tenga que ver con un fundamento filosófico, epistemológico, valórico y ésa es una de las peores dificultades que enfrentamos."

Las disciplinas han sido separadas en "territorios" con consecuencias materiales, en los recursos y la obtención de fondos.

En las Ciencias Médicas el estatus científico de los conocimientos sobre género y sexualidad es puesto en discusión:

> "En la formación de un médico existe una gran dificultad: lograr una visión integral del ser humano, de lo biológico y lo psicológico. Me ha sucedido que obstetras me digan que el género no funciona así, que es un instinto... que hay un gen de la maternidad. Para los médicos, lo realmente científico es lo biológico."

La forma en que se han desarrollado los estudios de género tiene diversas consecuencias. Se señala que es un conocimiento producido a partir de la narración o la observación de experiencias. El partir del feminismo ha generado estigmas, tanto en los temas de género como de sexualidad (como la homosexualidad). También se plantea que existen obstáculos asociados a la comunidad de género y sexualidades, a la manera cómo se han organizado en las universidades, a veces aislados unos de los otros, con una organización más bien de tipo feudal y con poco diálogo entre los distintos grupos.

También existen prejuicios en contra de las y los investigadores que trabajan en el área de género y sexualidad: "Si tuvieras una sexualidad normal, no tendrías por qué preocuparte de este tema."

El desconocimiento de los aportes teóricos sobre género y sexualidades realizados por académicas/os de todo el mundo reproduce ese problema: sin tener esos conocimientos, es imposible que los puedan enseñar.

La falta de recursos económicos es mencionada como el principal obstáculo. Tiene un impacto negativo sobre los cursos ofrecidos (obligatorios y optativos), el número de académicos en el campo y la disponibilidad de cargos académicos. Solo cuando un profesor fallece o se jubila se abre un cargo para que se incorpore un académico nuevo. Es así como estudiantes y profesionales que quieren trabajar en este campo frecuentemente no encuentran trabajo y deben cambiar a otro tema y/o campo.

También hay posibilidades limitadas de educación continua y perfeccionamiento a nivel universitario. Como consecuencia, no hay en Chile una masa crítica articulada para crear y promover el debate académico. Los pocos esfuerzos existentes funcionan en forma aislada.

Otra barrera es el funcionamiento actual de las estructuras universitarias y el carácter profesionalizante de las carreras que se ofrecen.

Sin embargo, según nuestro análisis, en Chile hay una serie de factores y estrategias que pueden favorecer el avance de la investigación sobre género y sexualidades así como la inclusión de estos temas en la currícula universitaria. Entre ellos, el compromiso y pasión de algunas/os académicas/os, las necesidades presentes en la sociedad, la existencia de organizaciones y movimientos sociales –como los que luchan por los derechos de las minorías sexuales–, y el compromiso a largo plazo con las organizaciones.

Hay señales claras de cambios culturales entre las mujeres, como la ampliación de los horizontes en relación con la sexualidad y el trabajo. Las generaciones más jóvenes están interesadas en conocer, explorar e investigar, lo que se combina con sus búsquedas y aventuras de ser y saber. Están surgiendo nuevas prácticas por sobre el peso letárgico y reaccionario de las instituciones premodernas y dictatoriales que hemos heredado. Los estudiantes se interesan por temas que los llevan a cuestionarse ante determinados tópicos que se relacionan con sus propias vivencias.

La acumulación de conocimientos y experiencia académica constituye una base para formar nuevas generaciones de académicos. Las/os académicas/os de la generación pionera han dado prestigio y abierto oportunidades para crear nuevas relaciones académicas y conseguir apoyo para los departamentos o escuelas universitarias. Han abierto espacios, dando legitimidad a estos estudios a través de su propio prestigio y contribuciones, y están convencidos de la necesidad de incluir los estudios de género y sexualidades en los planes de estudio. Son profesores y modelos que han contribuido a la formación de nuevas generaciones de profesores jóvenes sensibles al género. La mayor presencia de profesores/as jóvenes anuncia la posibilidad de alcanzar una masa crítica en algunos departamentos universitarios. Al mismo tiempo, hay una importante labor realizada por centros académicos independientes y por ONGs que producen conocimientos y han dado legitimidad a los estudios de género y sexualidad.

También el contexto político resulta favorable, teniendo en cuenta la agenda de igualdad de oportunidades y las políticas públicas que promueven la equidad de género, entendida como parte de la profundización de la democracia y de la modernización de las políticas públicas. En Chile, todos los ministerios y organismos gubernamentales deben definir las metas anuales, productos y servicios para contribuir a la equidad de género. Por otra parte, la sociedad chilena ha llegado al punto en que tiene que hablar acerca de las sexualidades. Esto fue posible por la pandemia del VIH/Sida, que llevó al aumento de las investigaciones sobre sexualidad en los años ochenta.

Como consecuencia de este horizonte, existe un aumento en la profesionalización en género y sexualidad y hay una creciente demanda de especialistas en género en el mercado laboral. Ésta es aun baja en el caso de las sexualidades, pero ha ido aumentando. Por último, están los actores sociales: las organizaciones de mujeres, de homosexuales y de personas viviendo con VIH han construido un puente entre la sociedad, el gobierno y la academia.

Las y los entrevistados señalan varias estrategias para promover la integración de género y sexualidades en las universidades, que apuntamos a continuación.

Una reforma universitaria, que considere la equidad de género en sus fundamentos.

La estrategia del "cuarto propio", es decir, grupos especializados en género en las universidades. Existe un debate entre las/os académicas/os en torno a los pro y los contra de la creación de centros o programas especializados en género y/o sexualidad en las unidades académicas, o la asociación con terceros y el desarrollo de trabajo interdisciplinario. Se señala como debilidad de estos centros el aislamiento de las/os especialistas en género, sin contar con grupos de pares con quienes debatir y desarrollar actividades. El objetivo debe ser alcanzar una masa crítica en cada institución con la cual colaborar o actuar a partir de una estrategia común.

Convencer a las autoridades académicas de la importancia de estas temáticas. Con ese fin sería necesario desarrollar una retórica especial y argumentar que los estudios de género y sexualidad son centrales para captar nuevos estudiantes o estudiantes con determinado perfil, que el liderazgo en estos temas puede ayudar a la universidad a ganar prestigio y reconocimiento, a establecer relaciones y obtener recursos a nivel internacional, que existen posibilidades de desarrollar una carrera académica en este campo, lo que da acceso a la investigación, a la participación en conferencias y a publicaciones indexadas.

También es recomendable enseñar promoviendo el cambio cultural, ofrecer cursos electivos y cursos transversales, apoyar a los estudiantes que hacen sus tesis sobre temas de género, usar metodologías participativas y de conversación, garantizar la actualización académica, y capacitar profesores que puedan enseñar estas materias adecuadamente.

Renovar los profesores universitarios, profesionalizar algunos programas y entregar competencias especializadas que garanticen el empleo.

Desarrollar estudios sobre género y sexualidades y hacer las conexiones con la docencia, mejorar la calidad de la investigación, construir un campo intelectual que dé legitimidad y sustentabilidad a estas temáticas, y aprovechar las potencialidades que brinda el propio objeto de estudio por sí mismo.

Situar estos temas como asuntos de interés nacional que deben ser abordados, y fortalecer los vínculos con la sociedad, las ONGs, las organizaciones y los movimientos sociales.

Referencias bibliográficas

Comisión Económica para América Latina y el Caribe (CEPAL) (2008). *Panorama Social de América Latina 2008*. Santiago, Chile: CEPAL.

Consejo Superior de Educación (CSE), Gobierno de Chile (2008). *Estadísticas y Bases de Datos*. Acceso 12 de junio de 2009, http://www.cse.cl/public/Secciones/seccionestadisticas/ estadisticas_sistema.aspx.

Escobar, D.; Flores, R. y Veneros, D. (eds.) (2001). *Investigaciones de la Red Nacional Universitaria Interdisciplinaria de Estudios de Género*. Santiago, Chile: SERNAM.

Frohmann, A. y Valdés, T. (1995). "Democracy in the country and in the home". En Amrita Basu (ed.) *The challenge of local feminisms: Women's movements in global perspective*. Boulder, Estados Unidos: Westview Press, 276–301.

Ministerio de Educación de Chile (MINEDUC), Gobierno de Chile (2005). *Compendio Estadístico*. Acceso 12 de junio de 2009, http://www.educacionsuperiorchile.cl/pags/comp_matr_educ_sup.html.

Ministerio de Educación de Chile (MINEDUC), Gobierno de Chile (2007). *Indicadores de la educación en Chile 2007* (Documento preliminar). Acceso 17 de junio de 2009, http://w3app.mineduc.cl/mineduc/ded/documentos/Indicadores_de_la_Educacion_2007.pdf.

Ministerio de Salud de Chile (MINSAL), Gobierno de Chile (2004). *Normas y Guía Clínica para la atención en servicios de urgencia de personas víctimas de violencia sexual.* Acceso 20 de junio de 2009, http://www.redsalud.gov.cl/archivos/vih/vih2007/centrodedocumentaction/normativas/ normaviolenciasexual.pdf.

Ministerio de Salud de Chile (MINSAL), Gobierno de Chile (2006). *Normas Nacionales sobre Regulación de la Fertilidad.* Santiago, Chile.

Montecino, S. y Rebolledo, L. (1995). "Los Estudios de la Mujer o de Género en el Universo Académico Chileno". En Rebolledo, L. (ed.) *Mujer y Género: Nuevos Saberes en las Universidades Chilenas.* Santiago, Chile: Bravo y Allende Editores, 45–57.

Programa de las Naciones Unidas para el Desarrollo (PNUD) (2007). *Informe sobre desarrollo humano 2007/2008. La lucha contra el cambio climático: solidaridad frente a un mundo dividido.* Nueva York, Estados Unidos: PNUD.

Rajevic, P. (2000). *El libro abierto del amor y el sexo en Chile.* Santiago, Chile: Planeta.

Servicio Nacional de la Mujer (SERNAM), Gobierno de Chile (2005). *Informe Sistema de Género.* Santiago, Chile.

Servicio Nacional de la Mujer (SERNAM), Gobierno de Chile (2006). *Universidades con/sin programas de género en sus currículums.* Santiago, Chile.

Valdés, T. (coord.) (2001). *El Índice de Compromiso Cumplido (ICC): Una estrategia para el control ciudadano de la equidad de género.* Santiago, Chile: FLACSO.

Enseñanza sobre género y sexualidad en universidades públicas en la Argentina

Mónica Gogna - Mario Pecheny - Daniel Jones[20]

Este capítulo analiza la inclusión de los estudios de género y sexualidades en las universidades de la Argentina, un proceso determinado tanto por las características propias de la educación superior en el país, como por las especificidades de la sexualidad en tanto tema de interés académico. Desde la restauración de la democracia en 1983, el ingreso de estudiantes a las universidades se volvió masivo, al tiempo que las políticas neoliberales hegemónicas de la década de 1990 redujeron el presupuesto de la educación superior. Como resultado, aulas llenas, condiciones laborales críticas y presiones de costo-efectividad definen hoy la cotidianeidad de la educación superior pública en la Argentina. En ese contexto, las restricciones presupuestarias han hecho cada vez más difícil la introducción de nuevas materias a los planes de estudio, lo cual requiere docentes e infraestructura, especialmente aquellas materias que se dictan en cursos pequeños, los más apropiados para la enseñanza de temas considerados sensibles, como el género y las sexualidades. Sin embargo, a pesar de este contexto *a priori* desfavorable, su enseñanza ha desarrollado considerablemente en las universidades en la Argentina, tanto en extensión como en variedad de temáticas y perspectivas.

---

[20] También Inés Ibarlucía participó de la investigación que dio pie a este artículo.

Diversas preguntas orientaron la investigación (ver Anexo) que dio origen a este artículo: ¿Qué factores favorecen el avance de la investigación y la enseñanza de sexualidades y género en la universidad? ¿Qué paradigmas predominan? ¿Qué estrategias permitieron la inclusión de estos temas en las currículas? ¿Quiénes son los sujetos de docencia, estudio e investigación sobre estos temas? ¿Pueden estas prácticas dar lugar a transformaciones políticas? En las siguientes páginas presentamos algunas líneas de análisis en función de estas preguntas.

La educación superior en la Argentina

La universidad más antigua del país es la de Córdoba, creada por los Jesuitas en 1613. La Universidad de Buenos Aires fue fundada en 1821. En 1885, la Ley Avellaneda estableció las normas para las universidades nacionales, según un modelo secular, liberal y elitista de universidad, que se adecuaba a las necesidades del modelo agroexportador entonces hegemónico. En 1916, después de la reforma electoral que estableció el sufragio masculino universal en 1912, Hipólito Yrigoyen fue electo presidente con el apoyo de las clases medias en ascenso. Durante su mandato, en el año 1918, el movimiento estudiantil emitió un innovador Manifiesto que estableció los principios del Movimiento de Reforma Universitaria que dejaría huellas hasta la actualidad: autonomía del gobierno, co-gobierno tripartito (las decisiones y elecciones de autoridades se comparten entre el cuerpo docente, graduados y estudiantes), coexistencia de perfiles profesional y científico, solidaridad social y compromiso con los cambios sociales y políticos. La Reforma Universitaria trajo innovación a las universidades argentinas hasta 1930, cuando un golpe militar intervino las universidades y dio lugar a una década de "Restauración Oligárquica" (Cano, 1985; Fernández Lamarra, 2002; Kandel, 2005).

Durante la presidencia de Juan Domingo Perón (1946-1955), varias medidas concedieron el acceso al sistema educativo superior a categorías sociales antes excluidas, entre ellas las mujeres. El ingreso a la universidad se hizo abierto y gratuito en 1949, a la vez que se incrementó el presupuesto estatal nacional destinado a las universidades. Entre los años 1945 y 1955, la matrícula universitaria creció 187%(Fernández Lamarra, 2002). Al mismo tiempo, como las universidades eran un espacio de oposición política al gobierno, la autonomía universitaria fue revocada por ley en 1947 y en 1954. En ese período fueron perseguidos y expulsados muchos profesores y estudiantes.

Después del derrocamiento de Perón en 1955, el nuevo gobierno militar restableció la autonomía de la universidad, así como otros principios de la Reforma de 1918. Se inició un proceso de "Restauración Reformista", consolidado por Arturo Frondizi, elegido presidente en 1958. En medio de un intenso debate social entre quienes abogaban por una "educación libre" y apoyaban la creación de universidades privadas (en su mayoría católicas), y quienes defendían el principio de "educación laica" (opuesta a la educación privada de raigambre religiosa), en 1959 se aprobó una ley que permitió la creación de universidades privadas. Como resultado, 13 universidades privadas se fundaron entre ese año y 1973.

El periodo de 1958 a 1966 en la Argentina es reconocido como de rápido y extendido avance científico y académico (Lamarque de Romero Brest, 1998; Rotunno y Díaz de Guijarro, 2003). Pero en 1966 el proceso reformista fue interrumpido por otro golpe de Estado, responsable de violentas intervenciones policiales en la universidad. Hasta principios de los años setenta, el gobierno militar tomó el control de las universidades públicas y privadas, nacionalizó la mayoría de las universidades provinciales, creó nuevas y concedió estatus de universidad a dos instituciones pertenecientes a las Fuerzas Armadas y la Policía. Las actividades políticas del movimiento estudiantil fueron reprimidas, pero el gobierno se enfrentó a protestas masivas de los estudiantes, con el apoyo de otros actores políticos, como los sindicatos que sostenían posturas políticas de izquierda (García de Fanelli y Balán, 1994; Fernández Lamarra, 2002; Kandel, 2005).

Después de un período de gobiernos democráticos (1973-1976), de intensa y radicalizada movilización política dentro de las universidades, el siguiente golpe militar instaló la dictadura más represiva de la historia argentina. Entre 1976 y 1983, el Poder Ejecutivo a cargo de la Junta Militar controló las universidades nacionales y cercenó su autonomía. La universidad fue uno de los principales blancos de la persecución política: miles de profesores y estudiantes fueron suspendidos, encarcelados, desaparecidos o asesinados, y un gran número debió exiliarse. Según el informe *Nunca más,* del total de detenidos-desaparecidos 21% eran estudiantes y 5,7% docentes, incluyendo aquellos del nivel secundario (CONADEP, 1999).

La transición a la democracia iniciada en 1983 restauró la vigencia del Estado de derecho, las libertades formales y el respeto por la autonomía de la universidad. La histórica demanda estudiantil por una universidad políticamente libre, gratuita y con ingreso irrestricto, formaba parte del abanico de demandas sociales de ese momento histórico. Las universidades públicas reanudaron un proceso de democratización interna, expansión de la cobertura a lo largo del territorio, e ingreso gratuito, libre e irrestricto, con la consecuente expansión de la matrícula. También se restableció el sistema de cogobierno tripartito previo a 1966, es decir la representación de los claustros docentes, estudiantil y de graduados que continúa hasta nuestros días

(Kandel, 2005). Durante la primera presidencia de Carlos Menem (1989-1995), se crearon más de 30 universidades, entre públicas y privadas, y empezaron a establecerse "mecanismos regulatorios para manejar la espontánea expansión de instituciones y programas que indirectamente había contribuido a crear con sus laxas políticas de autorizaciones" (García de Fanelli y Balán, 1994). El principio de autonomía de las universidades públicas fue incluido en la reforma Constitucional de 1994 y, en 1995 se sancionó la Ley 24.521 de Educación Superior que constituyó la primera normativa unificada a nivel nacional que regula el sistema de educación superior en su conjunto: instituciones universitarias[21] y no universitarias, públicas y privadas (Dirie, 2002).

En un contexto político de crisis fiscal y ajuste neoliberal, acompañado de la priorización cortoplacista de la relación costo-efectividad por sobre otros criterios estratégicos, esta ley planteó normas para la enseñanza universitaria, fijó las bases para el funcionamiento de órganos de coordinación del sistema universitario y posibilitó la creación de otras modalidades de organización universitaria (universidades de posgrado, abiertas, a distancia, etc.) (Fernández Lamarra, 2002). Siguiendo lineamientos como los del Banco Mundial, gran parte del control del sistema de educación superior fue implementado a través de organismos específicos como la Comisión Nacional de Evaluación y Acreditación Universitaria (CONEAU).

---

[21] La Ley de Educación Superior reconoce tres tipos de instituciones universitarias: las universidades, los institutos universitarios y los colegios universitarios. Los institutos universitarios se diferencian de las universidades al circunscribir su oferta académica a una sola área disciplinar. Los colegios universitarios son instituciones de educación superior no universitaria articuladas con una o más universidades, que se caracterizan por estar íntimamente vinculados a la provincia o región donde se insertan, y brindar carreras cortas y flexibles.

Algunas autoridades universitarias y parte del movimiento estudiantil vieron a la nueva legislación como una intrusión en la autonomía, considerada históricamente una manera de asegurar la libertad para deliberar y decidir sobre el diseño e implementación de la currícula con la amplia participación de estudiantes, graduados y profesores. Es la autonomía, según la percepción generalizada de los actores universitarios, la que históricamente permitió mecanismos de toma de decisión "de abajo hacia arriba", que redundaron en una universidad abierta y dinámica. A medida que los programas y currículas fueron siendo supervisados por la CONEAU y ajustados a ciertos requerimientos formales, nuevos procesos burocráticos han reforzado la ya fuerte inercia que caracteriza a instituciones de por sí rígidas y complejas, lo que repercutirá en la posibilidad de incluir contenidos no tradicionales en la currícula.

El sistema universitario

En 2009, en la Argentina hay 39 universidades públicas nacionales y 42 privadas, localizadas a lo largo y ancho del país. Las universidades están organizadas en facultades, unidades funcionales en las que se desarrollan las carreras, cátedras, departamentos, programas universitarios de grado y posgrado, así como institutos de investigación. Algunas universidades creadas a partir de 1990 están estructuradas en base a departamentos horizontales y multidisciplinarios.

Las universidades públicas nacionales están financiadas por el Estado. Aunque la Ley de Educación Superior las autoriza a cobrar matrícula, los programas de grado que ofrecen son gratuitos. Los programas de posgrado, en cambio, en general son arancelados. Las universidades privadas no reciben –al menos directamente– fondos gubernamentales. Constituidas como fundaciones u organizaciones sin fines de lucro, cobran una matrícula y reciben donaciones de empresas. La creación de universidades privadas necesita autorización del Estado, el cual las supervisa periódicamente.

De acuerdo con la Ley de Educación Superior, tanto las universidades nacionales como las privadas gozan de autonomía institucional y académica. El gobierno de las universidades nacionales y sus facultades es autónomo y colegiado, compuesto por representantes de los claustros de profesores, graduados y estudiantes. Las universidades privadas también tienen organismos de gobierno a diferentes niveles institucionales, pero no están obligadas por ley a tener un cogobierno que incluya la participación de sus estudiantes y graduados. Sus autoridades individuales, administradores y patrocinadores pueden tomar decisiones de manera más discrecional que quienes dirigen las universidades públicas.

Las universidades poseen autonomía para crear programas de grado y posgrado, diseñar sus planes de estudios y contenidos, y otorgar certificaciones académicas y títulos. La autonomía y el cogobierno fomentan la participación y el dinamismo de la comunidad educativa, lo que puede traer dificultades de articulación e integración. Hay problemas de articulación tanto en sentido vertical (entre los niveles secundario, universitario de grado y posgrado) como horizontal en cada uno de los niveles. Este último tipo de problemas resulta de la rígida compartimentación de las carreras, planes de estudios, cursos y actividades de enseñanza (Fernández Lamarra, 2002). La fragmentación dificulta la toma de decisiones centralizada y fractura la autoridad en múltiples y minúsculas porciones desconectadas, lo que crea recurrentes crisis de gobierno (Kandel, 2005). Dicha compartimentación es uno de los principales obstáculos para la consolidación de los enfoques pedagógicos, la enseñanza y la investigación transdisciplinarias.

Los programas de estudios universitarios se clasifican en: 1) programas cortos e intermedios, de carácter técnico-profesional (de uno a tres años de duración); 2) programas de grado académicos o profesionales (de cuatro o más años), como Licenciaturas y otros estudios que conducen a títulos profesionales (como abogado, médico, ingeniero); y 3) programas académicos o profesionales de posgrado, como especializaciones, maestrías (de uno a tres años de duración) y doctorados.

En las carreras de grado en la Argentina, los planes de estudio universitarios se extienden tradicionalmente de cinco a siete años, con una gran cantidad de cursos obligatorios y de carga horaria de clases presenciales. Cada vez más, por motivos pedagógicos pero sobre todo orga-nizativos (para estudiantes que trabajan o no viven en la localidad de la universidad) y de reducción de costos para la institución, los programas tienden a ser más cortos y flexibles, incluyendo un mayor número de cursos electivos y no presenciales. Estas modalidades son más frecuentes en universidades privadas y en universidades públicas más nuevas.

En el año 2006, en la Argentina había 1.283.185 estudiantes universitarios inscriptos en universidades públicas y 273.011 en universidades privadas. La tasa de escolaridad universitaria para la población de 20 a 24 años es de 66%, una de las más altas en América Latina (Ministerio de Cultura y Educación de la Nación, 2006).[22] Desde 1996 al 2006, el número total de estudiantes universitarios creció un 64%. Este crecimiento ha sido proporcionalmente ma-

---

[22] La tasa neta de escolaridad universitaria se calcula dividiendo el número de estudiantes en educación superior sobre el total de la población entre 20 y 24 años. Para que la tasa sea representativa de la población argentina fue extendida a 18-24 años; en este caso, la tasa neta de escolaridad en educación universitaria es de 47%.

yor en universidades privadas, donde la matriculación de estudiantes se ha incrementado 104% en el mismo período (Ministerio de Cultura y Educación de la Nación, 2006).

Las mujeres representan el 53% de la matrícula universitaria. A nivel regional, la Argentina forma parte –con Brasil, Venezuela, Uruguay, República Dominicana y Panamá– de un grupo de países de América Latina donde se da una creciente feminización de la educación superior (Papadópulos y Radakovich, 2005), tendencia que no solo se registra en esta región.

Según datos del año 2005, las estudiantes mujeres superan en número a los varones inscriptos en universidades nacionales en todas las ramas de estudio, con la excepción de las Ciencias Aplicadas (como Ingeniería), donde los varones representan un 65% del total. En las Ciencias Sociales, Ciencias Básicas y Ciencias de la Salud, la proporción de mujeres es de 59%, 63% y 68% respectivamente. Es en las Ciencias Humanas donde las mujeres representan el mayor porcentaje: 74% de estudiantes en universidades públicas. Una tendencia similar se registra en las universidades privadas.

El análisis de la matrícula por sexo refleja la persistencia de una división en el mercado de trabajo en profesiones y/o áreas tradicionalmente consideradas femeninas y otras masculinas. En el caso de Psicología, Educación, Letras, Antropología y Trabajo Social, así como en las carreras llamadas paramédicas (Kinesiología, Fonoaudiología y Enfermería), las mujeres representan entre dos tercios y el 80% del estudiantado, tanto en instituciones públicas como privadas. En cambio, las áreas tecnológicas y de ciencias básicas son percibidas como espacios masculinos (Papadópulos y Radakovich, 2005). En Ingeniería, por ejemplo, los estudiantes varones representan alrededor del 80% en universidades públicas y 89% en las privadas. En las restantes disciplinas, la proporción de mujeres y varones es similar o la inscripción de mujeres es ligeramente superior (Ministerio de Cultura y Educación de la Nación, 2005).

La oferta y el número de inscriptos en estudios de posgrado han crecido considerablemente en los últimos años. Desde 2000 hasta 2006, el número de estudiantes de posgrado en universidades públicas y privadas aumentó un 50%. En el año 2006 había 62.870 estudiantes de posgrado, 77% en instituciones públicas. La mayor proporción está inscripto en maestrías (44%), seguido por quienes realizan una especialización (38%) y un porcentaje menor está cursando un doctorado (18%).

Varios factores explican la expansión de los programas de posgrado: la consolidación académica de las universidades desde el restablecimiento de la democracia; el mercado laboral que demanda mayores competencias y calificaciones profesionales; las nuevas tecnologías y creciente especialización de las disciplinas y sus profesionales; la internacionalización del conocimiento y la necesidad de las instituciones de obtener prestigio y fuentes de financiamiento propias mediante el cobro de matrículas (García de Fanelli, 1996; Fernández Lamarra, 2002). Para los profesores universitarios, la percepción de que es necesario tener un título doctoral es nueva en la Argentina. En la Facultad de Filosofía y Letras de la Universidad de Buenos Aires los programas de doctorado comenzaron a fines de la década de 1980, y en la Facultad de Ciencias Sociales de esa universidad recién a fines de los noventa. Muchos docentes con vasta experiencia están en el proceso de obtener sus títulos doctorales o los han adquirido recientemente.

Por otra parte, los bajos salarios y la escasa apertura de nuevos cargos en las universidades dificultan la consolidación de un cuerpo docente con dedicación exclusiva a la enseñanza y la investigación. Solo el 11,5% de los profesores de universidades nacionales tiene dedicación de tiempo completo. Con frecuencia los profesores dan clase en varias casas de estudio y/o trabajan además como profesionales liberales. En cuanto a la distribución de los profesores según sexo, en 2006 un 47,8% eran mujeres, aunque en la posición superior (profesores titulares de dedicación exclusiva) hay menor proporción de mujeres (38,8%) (Ministerio de Cultura y Educación de la Nación, 2006; García de Fanelli, 2000).

Estudios de sexualidades y género

Los Estudios de la Mujer comenzaron en la Argentina por fuera de las universidades, durante la última dictadura militar (1976-1983). Su propósito era hacer visible la subordinación femenina mediante la indagación de diversos fenómenos psicológicos, sociales, económicos y políticos tal como se manifiestan específicamente para las mujeres. Estos estudios fueron iniciados por académicas feministas en centros de investigación privados y organizaciones no gubernamentales (ONGs), a menudo con apoyo económico externo (Bonder, 1998).

Una vez recuperada la democracia, para gran número de docentes se abrió la posibilidad de acceder o volver a la universidad. En ese contexto, en 1984 miembros de la ONG Centro de Estudios de las Mujeres, encabezado por las psicólogas Gloria Bonder y Cristina Zurutuza, crearon un Seminario de Estudios de la Mujer en la Facultad de Psicología de la Universidad de Buenos Aires, donde tres años más tarde se lanzó la Especialización Interdisciplinaria en Estudios de la Mujer.

Paulatinamente, la investigación y reflexión acerca de cuestiones de las mujeres se amplió y re-enfocó al campo de los Estudios de Género. Durante la década de 1990 se crearon grupos e institutos de estudios de las mujeres y de género en diferentes universidades públicas. Entre otros, cabe destacar las cátedras y seminarios surgidos en la Facultad de Ciencias Sociales y en el Instituto Interdisciplinario de Estudios de Género en la Facultad de Filosofía y Letras, en ambos casos, de la Universidad de Buenos Aires.

A pesar de la existencia de vínculos informales entre algunas de estas instancias académicas, en la mayoría de los casos continúan aisladas entre sí y tratando de conseguir integración y legitimidad al interior de sus propias facultades. De acuerdo con Bonder (1998), las barreras institucionales, epistemológicas y económicas limitan el desarrollo y la visibilidad del campo: las fronteras entre diferentes disciplinas y carreras son difíciles de vencer; los escasos recursos para investigación tienden a ser capturados por áreas ya establecidas y/o que se consideran de mayor impacto (como el desarrollo tecnológico); la perspectiva crítica característica de los Estudios de Género (informados epistemológica y políticamente por el feminismo) desafía las identidades profesionales y los proyectos estructurados de acuerdo con principios tradicionales y límites estancos. Además, los intelectuales que indagan sobre sexualidades y están ligados a movimientos sociales tienden, aun en períodos democráticos, a preservar su autonomía respecto de las instituciones formales (sea el gobierno, los partidos políticos o la academia).

Cronológicamente, en el ámbito universitario, el interés académico en la sexualidad emergió más tardíamente que el trabajo sobre mujeres o género. Lo hizo principalmente en las Ciencias Sociales y Humanidades, a menudo a partir de la preocupación por algunas consecuencias de la actividad sexual: el embarazo no deseado y/o en la adolescencia, y la epidemia del VIH/Sida (Pantelides, 2004). Una revisión de investigaciones sobre derechos sexuales y reproductivos destacó la ausencia –antes de 2002– de estudios sobre diversidad sexual, erotismo, placer y prácticas sexuales (Gogna, 2005). Los estudios sobre lesbianas, gays y trans, y/o desde una perspectiva *queer*, son muy recientes en el contexto argentino. En la última década, la creación en la Universidad de Buenos Aires del Área *Queer*, el Área de Tecnologías del Género y el Grupo de Estudios sobre Sexualidades, así como del Grupo Incorporaciones en la Universidad Nacional de Córdoba y el Programa de Diversidad Sexual en la Universidad Nacional de Rosario, son pasos hacia una visión más amplia y crítica de la sexualidad.

Asimismo, cada vez hay más tesis doctorales que se centran en estas cuestiones, antes dejadas de lado por las Ciencias Sociales y las Humanidades. El surgimiento de una masa de jóvenes investigadores interesados en temáticas de sexualidades, que demandan seminarios y producen nuevo conocimiento, estimula la inclusión de estos tópicos en la currícula académica de estas disciplinas. Dicha demanda explica el incremento de la oferta de cursos sobre teoría feminista, perspectiva de género y teoría *queer*, sobre todo a nivel de posgrado. Aunque su desarrollo como un campo de investigación y enseñanza continúa siendo incipiente en la Argentina, el interés por el estudio de las sexualidades ha crecido y está consolidándose no solo en Buenos Aires, sino también en otros centros urbanos como Córdoba y Rosario.

Los estudios de género y sexualidades en las universidades

Numerosos cursos universitarios abordan temáticas relativas al género y las sexualidades. Asimismo, cada vez más docentes incluyen estos temas en sus programas o se especializan en ellos. Según nuestros datos, los cursos sobre género y sexualidades se concentran en Humanidades (40 cursos) y Psicología (28 cursos), seguidas por Ciencias Sociales (13 cursos). En Derecho y

Medicina, se ofrecen tres y siete cursos respectivamente. Los cursos de sexología no se dan en universidades públicas, sino en centros privados no universitarios o, en menor medida, en universidades privadas.

En Humanidades, hay cursos específicos sobre sexualidad y género o estos temas aparecen articulados con otras cuestiones como identidades, subjetividades, familia y paternidad/maternidad, educación, etc.; específicamente en Antropología e Historia, aparecen como parte del interés por las temáticas relativas al cuerpo. En Ciencias Sociales, la mayoría de los cursos sobre sexualidad enfatizan su relación con el género, las identidades, la subjetividad o la salud. En Psicología, la sexualidad ha sido una dimensión central de las escuelas psicoanalíticas hegemónicas en la Argentina. Los contenidos vinculados a sexualidad son cubiertos principalmente en cursos sobre psicología evolutiva, psicología forense, psicopatología y psicoanálisis, mientras que el género –pensado como perspectiva o cuestión a abordar– está prácticamente ausente en la currícula. En Medicina, la sexualidad ha sido parte de la currícula solo de manera marginal, principalmente en relación a la salud reproductiva y las infecciones de transmisión sexual. Se la aborda desde perspectivas biomédicas y epidemiológicas, focalizándose en aspectos orgánicos del comportamiento sexual, disfunciones y hormonas. Los pocos cursos específicos en Derecho se centran en los derechos sexuales y reproductivos.

En síntesis, los cursos sobre sexualidad se ofrecen de manera desigual entre disciplinas, y se dan principalmente a nivel de posgrado. Las cuestiones relacionadas con sexualidades son más frecuentes en Humanidades y Ciencias Sociales, cuyas disciplinas tradicionalmente han sido consideradas "blandas" o menos científicas, y en las cuales las mujeres son una vasta mayoría del estudiantado.

Contenidos y metodologías de enseñanza

Identificamos dos aproximaciones típicas a las sexualidades y al género en las universidades. Por un lado, la mayoría de los profesores en Ciencias Sociales y Humanidades adoptan la noción de género desde una perspectiva crítica, como un concepto relacional que está en tensión con el ámbito propiamente sexual. Por otro lado, fundamentalmente en Derecho y Medicina, el término género tiende a ser usado como sinónimo de sexo o en referencia a las mujeres. Algunos simplemente lo utilizan en función de cierta corrección política o para usar un término supuestamente más actualizado que sexo.

En Ciencias Sociales y Humanidades, el género es considerado como una perspectiva política, epistemológica, analítica y crítica, que cuestiona los enfoques tradicionales, y como un campo de estudios específico. Las relaciones conceptuales y empíricas entre género y sexualidad son examinadas críticamente. Algunos hacen hincapié en la importancia de la diferencia sexual y las experiencias de las mujeres, y otros están interesados en la diversidad sexual y las disidencias frente a la heteronormatividad. A su vez, mientras que algunos consideran el sexo como una encarnación biológica y el género como un fenómeno sociocultural, otros hablan del sexo-género como un sistema, en el sentido de Rubin (1989). La mayoría adopta una aproximación constructivista de la sexualidad, que parte de la idea de que ésta se constituye históricamente en las sociedades y no está determinada por la biología. Desde esta mirada, la sexualidad es un fenómeno social porque no existe por fuera de la historia, es cambiante y solo definible contextualmente. Predomina una conceptualización que problematiza la relación sexo-género e incluye el estudio de las subjetividades más allá de las mujeres y la heterosexualidad. Al decir de una psicóloga:

"Los estudios de género han avanzado y siguen. Se llegó en algún momento a pensar en análisis de género en términos de heterosexualidad. Luego otras personas que reclaman su voz, demandan y producen nuevo conocimiento: estudios lésbico-gays, etcétera. [...] Este estallido de las identidades y de la diversidad sexual obliga a reexaminar el concepto de género. Por eso a mí me resulta un poco difícil pensar cómo separaría sexualidad de género."

El cuestionamiento de las identidades y prácticas naturalizadas es tanto un punto de partida como un objetivo político y pedagógico de la labor docente, donde se revela como un desafío mayor que para la investigación. Según un sociólogo docente en Buenos Aires y en universidades del interior del país, en todos sus cursos "está presente la cuestión del cuerpo, la desnaturalización de la sexualidad, la indistinción entre sexo y género, el carácter construido de la sexualidad, la cuestión identitaria y experiencial colectiva." A través de las clases se busca incentivar la reflexión crítica por parte de los estudiantes, al tiempo que dialogar polémicamente, por interpósitas personas –los estudiantes–, con aquellos colegas que desconocen la conflictividad ligada al sexo-género (la heteronormatividad, la misoginia, la invisibilidad de las dimensiones sexuadas del orden y las relaciones sociales).

Las perspectivas de género no son fácilmente aceptadas en el contexto universitario. En efecto, las universidades en la Argentina reúnen una diversidad muy vasta de tradiciones ideológicas, políticas y epistemológicas. Las áreas de Humanidades, Ciencias Sociales y Psicología han sido históricamente lugares de pensamiento creativo y radical, al tiempo que hay profesores, intelectuales y profesionales que se reivindican católicos o pertenecientes a tradiciones políticas conservadoras. Por falta de familiaridad con esos conceptos y/o por razones ideológicas, las corrientes dominantes en la academia han resultado hostiles hacia los profesores que han impulsado estas temáticas, ya sea mediante el rechazo explícito o la desvalorización de hecho. Docentes católicos y/o conservadores (principalmente en Derecho y Medicina) han cuestionado a las "partidarias de la perspectiva de género", mientras que aquellos más liberales (sobre todo en Ciencias Sociales y Humanidades) han hecho "grandes esfuerzos" para comprender el género o, al menos, evitar el uso de un lenguaje sexista.

En un contexto *a priori* renuente a tomar en serio al género, los propios docentes que se dedican al tema se preguntan por las estrategias para instalar este campo de estudios y esta perspectiva. El clima de lo políticamente correcto (en relación con el rechazo al sexismo) y el papel cada vez más importante de las mujeres en la vida pública y académica, junto con el reconocimiento de las "virtudes metodológicas" de las perspectivas de género, son identificadas como oportunidades para avanzar en la incorporación de las sexualidades y el género en las currículas universitarias. No sin ironía, una reconocida historiadora señala que "hay algo así como un síndrome de la *Modernité* en otros términos, por decirlo hoy. Una cierta corrección académica. Ellos no lo hacen por convicción, se hace para los otros ver. Pero eso a mí me tiene sin cuidado, lo importante es que está ocurriendo." Tanto docentes como investigadores, dentro y fuera del área, son conscientes del aumento del financiamiento para investigación y becas de estudio en temáticas de género y sexuales, que en el pasado habrían sido consideradas inapropiadas o insustanciales y actualmente están "de moda". A su vez, agencias financiadoras muchas veces exigen un enfoque de género como requisito en sus convocatorias, volviéndolo estratégicamente útil.

Los perfiles de los profesores y las temáticas abordadas varían según las generaciones. Un grupo pionero de mujeres feministas iniciaron los Estudios de la Mujer y

los Estudios de Género, y centraron su atención en cuestiones como el trabajo doméstico y extradoméstico, la
participación política de las mujeres, la violencia sexual y
la salud reproductiva. Ellas están vinculadas a movimientos de mujeres y feministas. Una generación más joven
está compuesta por mujeres y varones (algunos de ellos
gays) que investigan y dan clase sobre prácticas sexuales
e identidades no heteronormativas y, en muchos casos,
participan de movimientos sociales. El trabajo pionero de
las mujeres feministas sentó las bases para que los estudios sobre sexualidades y género tengan actualmente una
mayor legitimidad en la Argentina, y facilitó la inserción
de una nueva generación de docentes e investigadores
que lo ha hecho por vías institucionales convencionales.
En pocos años, en investigación más que en docencia, ya
parece superfluo justificar la pertinencia y relevancia de
estos temas, cuando en la década de 1990 tal justificación
era condición necesaria para que una propuesta fuese
siquiera considerada para evaluación.

En los cursos, los contenidos sobre sexualidades
se incluyen de dos maneras diferentes. Por un lado, el
abordaje de determinados temas transversales brinda
una oportunidad para introducir cuestiones de género
y sexualidad. Ejemplos de este tipo de temas son: prácticas y experiencias corporales, subjetividad, identidad,
familia y salud. Tratar algunos de estos temas exige
metodologías no tradicionales y aproximaciones pluri
o transdisciplinarias, innovación didáctica y cambios
de foco, sobre todo en programas tradicionales como
Medicina y Derecho, pero también en Filosofía. Por otro
lado, algunas cuestiones específicas relacionadas a las
sexualidades forman parte desde hace tiempo de los
programas en ciertas disciplinas: por ejemplo, violencia sexual en Derecho o las infecciones de transmisión
sexual en Medicina.

La mayoría de los profesores entrevistados trabaja de un modo transversal, en terrenos transdisciplinarios, lo que enriquece su labor investigativa y docente pero también los pone en los márgenes (internos e incluso externos) de sus campos disciplinares de origen, en un contexto institucional que fija límites claros entre carreras estructuradas según disciplinas. Una de las razones de las resistencias ante el género y las sexualidades es que su abordaje es casi por definición imposible de encajar dentro de los límites de una disciplina en singular. Una profesora de Filosofía, consciente de estas tensiones, nos explicaba:

> "No hablaría de puentes entre disciplinas. [...] Las fronteras entre disciplinas son totalmente ficticias, y en realidad cuando vos te interesás por un problema no tenés más opción que recurrir a formas disciplinares muy diferentes. [...] Eso no es premiado dentro de una carrera, porque las carreras todavía están estructuradas e institucionalizadas en disciplinas, pero [...] los límites disciplinares son totalmente anacrónicos. Así que no hablaría de puentes, hablaría de legitimar los problemas en lugar de legitimar los límites."

Hay un juego dialéctico, cual violinistas sobre el tejado, para mantener un equilibrio entre la pertenencia a una disciplina (carrera, departamento, red de conocimientos) y la apuesta por hacer justicia a la complejidad del género y la sexualidad. Una profesora de Psicología subraya correctamente el carácter político de ciertas resistencias:

> "Todavía estamos muy disciplinares, hemos aceptado los recortes disciplinarios heredados. El tema género es uno de los temas donde más claramente se ve que es necesario transdisciplinar, desdisciplinar, porque la interdisciplina es un diálogo de sordos. [...] Hay muchas dificultades en el sentido de recelos de posiciones, [...] pero no solo en el plano académico, sino en un plano político. Es muy importante empezar a armar redes, que permitieran un intercambio un poco más fluido, por un lado, pero, por otro lado, que crearan condiciones de desdisciplinamiento. [...] Ganaría-

mos en potencia enunciativa si no nos rigiéramos tanto por los marcos disciplinarios de donde venimos. Al mismo tiempo que estoy diciendo esto, también entiendo todas las dificultades para eso, no tengo ingenuidad."

Muchos profesores dan clase sobre género y sexualidad para desnaturalizar los conceptos, luchar contra los prejuicios, abrir discusiones y promover en el estudiantado un pensamiento crítico. Resaltan el desafío que les supone abordar cuestiones relacionadas con las sexualidades y/o el género, algo siempre delicado y que interpela los sentimientos, ideas e identidades de las mujeres y los varones estudiantes de una manera especial. Al mismo tiempo, los docentes consideran inapropiado que las clases se conviertan en "grupos de autoayuda", y buscan el difícil equilibrio entre la reflexión sobre "asuntos personales" y la transmisión y discusión de conocimiento conceptual. Una profesora de Psicología considera que allí reside "la apuesta pedagógica fundamental: hacer puentes entre la experiencia subjetiva, las prácticas y los conocimientos". Esta apuesta es simultáneamente pedagógica, personal y política, como expresa otra profesora de Filosofía: "Yo no hago un abordaje subjetivo a partir de las propias vivencias o de la biografía; hago un abordaje político de la sexualidad y me da resultado. Porque resignifica cuestiones personales."

A pesar de que reconocen los desafíos pedagógicos de dar clase sobre género y sexualidad, mucho dicen que, no obstante, utilizan métodos tradicionales de enseñanza, como hacer preguntas disparadoras a los estudiantes y dar discusiones sobre una lectura asignada previamente. Solo una minoría emplea recursos pedagógicos algo más innovadores, como el análisis de fuentes literarias y noticias periodísticas, realizar escritos auto-biográficos, videos, estudios de caso, etc.

El uso de ciertas metodologías genera a veces reacciones emocionales en los estudiantes. Una docente prefiere

trabajar con estudios de casos más que con escritos auto-
biográficos, porque "el caso es algo que pasó, pero le pasó
a otro", y eso reduce las implicancias emotivas personales
pero mantiene la ligazón con las experiencias subjetivas.
Otros consideran la "confrontación" como una estrategia
pedagógica útil y legítima: "La provocación sacude, estimula
y moviliza. Exponer y desarmar el enunciado del sentido
común es una técnica eficaz como parte de esta estrategia
de provocación", expresa un sociólogo.

Estos docentes reconocen la tensión que conlleva
dar clase sobre cuestiones sensibles y que "hay que tener mucho cuidado de que no sea escuchado como algo
normativo, como una nueva manera de regulación del
comportamiento. Se necesita evitar esto en el campo de
la sexualidad", según una profesora de Psicología. Otro
equilibrio de violinista.

Los desafíos pedagógicos se potencian en un contexto
de cursos masivos, en los que la cantidad de alumnos por
docente rara vez es la adecuada. Los cursos de grado en las
universidades públicas están usualmente superpoblados y
tienen lugar en aulas que no cuentan con espacio suficiente
ni el soporte técnico necesario para usar recursos audiovisuales. Además, no hay entrenamientos para docentes que
permitan aprender o actualizar las herramientas pedagógicas más útiles para abordar cuestiones de sexualidades.

Desafíos a la creación de demanda y de una masa crítica

A excepción de un grupo creciente –pero aún mi-
noritario– de estudiantes que buscan espontáneamente
en la universidad alguna respuesta a sus intereses sobre
temas sexuales, la inmensa mayoría se anota en los cursos
siguiendo inercialmente la oferta de cada institución según
regímenes de correlatividades. Es por ello que, dado que

los cursos con contenidos sobre género y sexualidades tienden a ser opcionales (se cursan una vez avanzada la carrera) y la oferta limitada, muchos estudiantes ignoran su existencia.

A los estudiantes, tal como a los profesores que forman parte del *mainstream* académico, les resulta extraño que temáticas sexuales sean parte ordinaria de la formación universitaria de grado. A título ilustrativo, de acuerdo con una encuesta exploratoria que realizamos en diversas universidades del país, y basada en una muestra no probabilística, el 57% de los estudiantes había oído hablar sobre los Estudios de Género; los Estudios Feministas eran conocidos por un 38% y los Estudios Gay-Lésbicos por un 23%. Menos del 10% de los estudiantes había escuchado hablar de los Estudios *Queer*.

La mayoría de los profesores que dictan cursos sobre género y sexualidad indicó que, hasta el momento, solo un pequeño grupo auto-seleccionado –compuesto mayoritariamente por mujeres (heterosexuales), activistas políticos, gays y lesbianas– ha expresado interés en estas cuestiones. Sin embargo, según algunos entrevistados, esto estaría cambiando rápidamente. Para una profesora de Filosofía, "ha cambiado bastante desde el primer curso que yo dicté a nivel de grado. [...] Para las chicas y los chicos hay una nueva sensibilidad, hay mucho interés." Y esto sucede incluso en Medicina, quizá a partir de la percepción de una salida profesional en este ámbito.

Superada la sorpresa inicial, una vez que los alumnos efectivamente cursan alguna materia con contenidos sobre género o sexualidades, resultan permeables a la temática. Por tal razón, muchos docentes sugieren que la creación de demanda es una buena estrategia para institucionalizar la enseñanza de estas cuestiones. Esta visión concuerda con las opiniones de los estudiantes: casi el 80% de los encuestados cree que los temas de sexualidad deberían estar incluidos en sus programas de estudio. La misma proporción estaría interesada en tomar un curso sobre la temática si le fuera ofrecido.

Respecto a las motivaciones que llevan a los estudiantes a asistir a estos cursos (mayoritariamente optativos), aparece el interés personal (relacionado a experiencias de género o sexuales), el activismo político y las inquietudes profesionales: "Militantes de causas afines a derechos sexuales y también gente militante de izquierda que quiere venir a ver porqué el género es importante, quieren entender. Y después gente muy sensible", según una psicóloga. Otra profesora de Psicología indicó que algunos de sus estudiantes varones, casados y con hijos, no quieren repetir sus propias "historias machistas desdichadas", ni reproducir vínculos afectivos pobres con sus seres queridos. Pero lo más típico es encontrar mujeres heterosexuales, así como también gays y lesbianas, que buscan un espacio para hablar sobre sus experiencias. La dinámica en los cursos puede requerir buena disposición a enfrentar los prejuicios propios y de sus pares respecto de su sexualidad y orientación sexual, desafío que reconocen tanto docentes como estudiantes.

Los profesores con mayor experiencia señalan cambios en las actitudes y reacciones de los estudiantes ante el abordaje de cuestiones sexuales. Las actitudes más frecuentes en la década de 1980, en los pocos cursos que abordaban estos temas, eran el asombro, la ansiedad y la homofobia, mientras que actualmente hay un alto interés en la diversidad, actitudes no discriminatorias y de solidaridad, y una mayor complejidad y matices para pensar y exponer estos temas por parte de los estudiantes. Entre las regiones del país se dan importantes diferencias; por ejemplo, un profesor de Sociología comparó las reacciones de sus estudiantes en cursos electivos en Buenos Aires y en su ciudad natal, capital de una provincia del Norte muy conservadora. En esta última, algunos parecían aburridos o enfadados y él lo atribuyó a que en un contexto donde la Iglesia Católica aún tiene gran peso, los estudiantes sostienen visiones tradicionales, y no solamente en cuestiones sexuales:

> "No hay lugar para subjetividades diferentes en esos contextos. Y yo daba el ejemplo no solo del gay, era el tema del VIH positivo, que era tan invisible como el del gay y el del judío yendo a la escuela pública que es católica. El problema es la diferencia. Los padrones de normalidad son tan fuertes que no hay mucha discusión sobre el tema de lo que se enseña."

A pesar de este tipo de experiencias, los profesores advierten una creciente aceptación de cursos sobre género y sexualidades por parte de los estudiantes, que tendrían actitudes más abiertas y complejas, aun cuando todavía no haya desaparecido de modo generalizado en el grueso de los estudiantes y colegas la ansiedad de tratar temas sexuales que ponen en tensión sensibilidades políticas o historias personales.

Obstáculos

Los principales obstáculos para la inclusión de los estudios de sexualidades en la currícula universitaria no descansarían en el tema en sí, sino en las dinámicas inerciales del sistema de educación superior. Las universidades son resistentes a cualquier tipo de cambio (Bonder, 1998; Barrancos, 2005), concuerdan los profesores entrevistados: "No diría que es una represión específica con la sexualidad. [...] En realidad, lo que se reprime es el cambio de toda índole, cualquiera sea el tema que vos quieras integrar", comenta una profesora de Filosofía. La universidad es una organización con lógicas y prácticas burocráticas, no exenta de los anquilosamientos y límites típicos de la burocracia estatal, se lamenta una reconocida profesora de Sociología:

"Los bajos salarios, las pésimas condiciones laborales de los docentes, la precariedad, el problema edilicio, la falta de recursos, el nivel con el que vienen los estudiantes, la falta de una nivelación efectiva. [...] Hay una resistencia en el sentido de una ideología que está centrada en otro lado, pero además hay una ideología de lo viejo y de lo repetido, que me parece que es un obstáculo al pensamiento. [...] Falta en esta facultad esa dinámica, ese dinamismo de estudiar cosas nuevas."

La inercia se explica por factores estructurales, como la organización de los cursos en carreras disciplinares y no en departamentos transversales, o las restricciones y rigideces presupuestarias, y factores culturales o ideológicos, como el tradicionalismo académico ("para ser incluidos en la currícula de Filosofía, los tópicos tienen que haber sido enseñados durante cien años en una universidad alemana", ironizaba una entrevistada).

El deteriorado contexto institucional, signado por los bajos salarios, la falta de infraestructura adecuada y la reducción de recursos humanos, dificulta introducir modificaciones que impliquen demandas de nuevos docentes (o más horas para los actuales) o nuevos espacios (aulas). Y el conservadurismo es más fuerte en algunas facultades o en algunos niveles de enseñanza (el grado) que en otros (como maestría y doctorado). El grado, caracterizado por la masividad y la escasez de presupuesto, es el ámbito en el que resulta más complicado producir innovaciones. Asimismo, es el nivel que está más determinado por los consejos y corporaciones profesionales o disciplinares. Además, según señala una experta en educación superior en relación con los estudios de género y sexualidades:

"Las carreras de grado, las carreras profesionales tipo Medicina, son las que están mucho más dominadas por la corporación médica, por los consejos profesionales, y son mucho más inflexibles a cualquier cambio que, por otro lado, pueda parecer que está desvirtuando la estructura seria de la carrera."

El posgrado en general y el doctorado en particular, con estructuras flexibles[23] y con un presupuesto ligado a la matrícula que abonan los estudiantes (lo cual da una flexibilidad mayor que la que tiene el presupuesto fijo del grado), han sido la puerta de entrada –junto con la investigación– para la institucionalización del género y las sexualidades en la educación superior.

Las reformas y tendencias recientes de la educación superior orientadas hacia el acortamiento de los planes de estudio, de las que no ha sido ajena la Argentina, no favorecen la integración de nuevos cursos en los planes. Por razones pedagógicas y presupuestarias, hay una suerte de juego suma cero entre los cursos: para que entren nuevos, hay que eliminar otros vigentes, y las presiones personales, corporativas e institucionales la mayoría de las veces impiden cualquier cambio.

Esto se agrava porque la enseñanza de género y sexualidades enfrenta aún el estigma de ser algo extraño, trivial, de "menor interés académico", como para desplazar a cursos y temas ya institucionalizados. Nos decía una antropóloga de la salud, respecto del "[Género], se piensa que son cosas del sentido común, que no hay estudios, no hay cosas serias hechas." Específicamente en Ciencias Sociales, la visión predominante privilegia la lucha de clases, los asuntos políticos, los "temas duros", las metodologías positivistas *vis-à-vis* las "luchas secundarias", la esfera privada y las metodologías cualitativas, donde tienden a situarse a las cuestiones vinculadas a las sexualidades y el género. Incluso en carreras como Historia, Antropología o Sociología, la mayoría de los docentes e investigadores ignora la larga

---

[23]   En la Argentina, la mayoría de los doctorados tienen estructuras totalmente flexibles (en los que el doctorando debe cumplir una cantidad de créditos por área temática o disciplinar, con seminarios a su elección), o combinan un ciclo fijo con uno flexible.

tradición y vasta producción académica sobre género y sexualidades a nivel internacional, regional y nacional. Así lo resume un profesor de Sociología:

"No son los grandes temas. [...] Tienden a ver esto como microsociología o estudios de la vida privada. [...] Sobre todo en la Argentina y en Latinoamérica, [...] ven en esto justamente el síntoma de la despolitización y del corrimiento de los problemas verdaderamente políticos, hacia el estudio de los gays, de los negros... Son algunos obstáculos porque sigue jugando la idea marxista de la lucha mayor contra la lucha menor."

Cabe insistir que no son solo los profesores católicos o conservadores quienes se resisten a reconocer la relevancia del género y las sexualidades en la formación universitaria. El proceso de naturalización de las relaciones sexuadas y de género también está, valga la redundancia, naturalizado entre quienes se reivindican de una tradición crítica. Como señala con preocupación una antropóloga:

"El conservadurismo de la academia y la cerrazón de mucha gente que inclusive se cree de izquierda, pero que le es muy difícil ver las relaciones de poder en la intimidad... Nuestra intimidad, dentro de la cual podríamos poner en un sentido amplio la sexualidad, está tan naturalizada que cuesta mucho desnaturalizar, hasta para los antropólogos que se supone que desnaturalizan las relaciones sociales."

Incluso usan argumentos relativos al compromiso político de las disciplinas sociales, como dice una socióloga, "no porque sea sexualidad, sino porque son temas que parecería que no son los más álgidos, los grandes temas, los temas estructurales."

En Psicología, la ortodoxia psicoanalítica no es receptiva a las cuestiones de género ni a las visiones constructivistas de la sexualidad, pues según una reconocida psicóloga:

"Para los psicoanalistas 'duros', lo social es algo totalmente externo. Tienen una perspectiva ahistórica de la subjetividad, y por lo tanto de la sexualidad. Ellos hablan de la 'mujer histérica' [de Freud]. Dora y una mujer acá, hoy, son lo mismo. No hablan de la masculinidad, hablan de la feminidad y no de la masculinidad, no existe para ellos como concepto."

En Derecho y Medicina tampoco existe familiaridad con las dimensiones sociales constitutivas de su objeto de estudio, dimensiones que tienden a ser consideradas extrañas o, a lo sumo, parte del "contexto". Las visiones asociales de las disciplinas configuran un marco hostil para la aceptación, por ejemplo, de perspectivas constructivistas sobre sexualidades y género. Las representaciones médicas de la sexualidad muestran la persistencia de una manera de concebir "lo social" como una variable que puede ser añadida a las prácticas individuales, generalmente asociada con la desviación y la transgresión (Grimberg, 1995). Los informantes clave reportaron episodios en los cuales administradores y docentes de la Facultad de Medicina de la Universidad de Buenos Aires consideran a la perspectiva de género como "carente de seriedad".

La escasa legitimidad que aún tiene en el medio académico esta perspectiva afecta la autoridad y el desarrollo de los docentes y profesionales, por lo que devenir especialista en los temas en cuestión requiere de compromiso personal y cierta fortaleza. En las palabras de una psicóloga:

"El esfuerzo por ganar legitimación es una constante, es un eje vertebral de todos quienes hemos hecho este tipo de estudios, este tipo de carreras. Ahora, el esfuerzo de legitimación de estas temáticas es una tensión permanente entre la adaptación a los cánones y la subversión del canon. Si uno no puede transitar por esa tensión, estará en un problema."

El prestigio académico personal, alcanzado en otros ámbitos teóricos e incluso institucionales, en muchos casos fue lo que ha permitido a docentes (pioneros y de las nuevas generaciones) introducir cursos sobre estos temas en la currícula académica. Estos profesores aprovecharon su capital intelectual y simbólico para hacer nuevas inversiones académicas, lo cual es más difícil para quienes pretenden iniciar una carrera docente en el ámbito universitario, y dependen de los concursos, que se realizan sobre materias y temas ya reconocidos. Esto es distinto en investigación, ya que quienes inician su carrera académica mediante la investigación más que a través de la docencia (por ejemplo, vía concursos del CONICET - Consejo Nacional de Investigaciones Científicas y Técnicas), pueden hacerlo con los temas elegidos según intereses más innovadores, personales y específicos.

Para resumir, un conjunto de dificultades (como las barreras institucionales y la devaluación del objeto de estudio) afectan la integración de los estudios de sexualidades y género en las currículas universitarias. ¿Cuáles serían algunas de las estrategias que permitirían superar estas dificultades?

Estrategias

La receptividad hacia el género y las sexualidades ha aumentado en los últimos diez o quince años. Las razones que explican, a juicio de los docentes, el creciente reconocimiento y aceptación de estos temas en diversas disciplinas incluyen la llamada "corrección política", la necesidad de satisfacer las expectativas de donantes internacionales y locales, y el éxito que los movimientos sociales han tenido en colocar los derechos sexuales y reproductivos en la agenda pública. Pero todavía falta.

La mayoría de los docentes que trabajan en el área coincide en que a fin de consolidar la enseñanza sobre sexualidades y género a nivel universitario es necesario, primeramente, institucionalizar y extender la legitimidad del campo dentro del sistema de educación superior. En este sentido, insiste una profesora de Psicología, "es necesaria la visualización del campo como interdisciplinario, y para eso se pueden hacer jornadas interdisciplinarias de sexualidad, presentación de trabajos, áreas dentro de jornadas. [...] Una de las claves fundamentales es eso: la construcción de legitimidad."

Las estrategias de institucionalización van desde consolidar programas de investigación, obtener financiamiento externo y soporte institucional, hasta producir y diseminar los resultados de las investigaciones y participar en conferencias científicas para legitimar la enseñanza de estas cuestiones. En la medida en que las demandas de los estudiantes también promueven la inclusión de nuevos temas en la currícula universitaria, es necesario fomentar dichas demanda de cursos y módulos sobre género y sexualidades entre quienes desconocen en gran medida estas temáticas o la posibilidad de estudiarlas en la universidad. Una vez lanzada la rueda de oferta-demanda, la legitimidad y permanencia de sus propios cursos se refuerza gracias al reconocimiento y valoración de los estudiantes respecto de tales cursos.

Con la Ley 26.150 de Educación Sexual, aprobada en 2006, se abrió una oportunidad en las carreras de formación profesional. Este hecho puede ser considerado un indicador de que la perspectiva progresista ha ganado otra batalla contra el conservadurismo y, particularmente, contra la influencia de la Iglesia Católica en las políticas públicas. Las universidades podrían tomar ventaja de la circunstancia de que los maestros de escuelas primarias y profesores de secundarias requieren capacitación. Por ejemplo, en Rosario desde 2007 la universidad ofrece cursos para profesores encargados de la educación sexual en primarias y secundarias. Otras puertas de entrada son la conexión con la salud pública y con los derechos humanos, no excluyentes entre sí.

Para garantizar la planificación docente en el mediano y largo plazo, aparece la necesidad hoy de integrar el género y la sexualidad mediante la inclusión formal de cursos y programas como parte de los planes de estudio y la currícula general. Una profesora de Sociología lo explica así:

> "Debemos construir sobre lo que ya está, y entrar por la puerta grande, por la institucionalidad, no por la puerta de atrás. [...] Para repensar los planes de estudios, que hay que hacerlo, es necesario dar la batalla por la inclusión de una o dos materias específicas. [...] Eso produce como un efecto de demostración: 'Ah, esto es académico'. [...] Lo otro es como salir a evangelizar; puede haber gente que tenga ganas de hacerlo, yo no me inscribiría en ir a convencer a otros docentes."

Paradójicamente, docentes e investigadores usualmente contra-institucionales y opuestos al *mainstream* reconocen los efectos positivos de la institucionalidad y la cristalización de los esfuerzos en un marco de previsibilidad. Como expresa una profesora de Filosofía:

> "Si no hay promoción institucional, si desde las universidades nacionales no se forman institutos de estudios de género que promuevan diálogos interdisciplinarios o multidisciplinarios, si no hay ofrecimiento activo de cursos sistemáticos dentro de la currícula, no va a haber cambios, porque con la buena voluntad de las personas no alcanza."

La institucionalización es considerada un camino "seguro", ya que los cursos permanentes se vuelven independientes de las influencias o presiones políticas, los cambios en los niveles de decisión o las fluctuaciones en la demanda estudiantil.

Estas estrategias no son incompatibles con la inclusión de las sexualidades y género como contenidos transversales en los cursos existentes, pero esto requiere una mayor conciencia y capacitación entre los profesores universitarios, cuyo interés en estos temas y aproximaciones debería ser estimulado. En términos de un entrevistado, esta estrategia está basada en la "capacidad contaminante" de las nuevas perspectivas y conceptos. Aunque esta es una "estrategia de largo plazo" que demandaría un "lento y meticuloso trabajo", fue considerada más efectiva que un proceso de institucionalización diseñado "desde arriba". Una socióloga señala:

> "Parafraseando a Rosi Braidotti, el feminismo es como un virus. Ésa es la cuestión ahora, en el sentido de que se tiene que meter en todos lados, tiene que invadir y modificar. Esta capacidad del virus de transformarse y de 'enfermar' de alguna manera. Hay que apuntar a eso, a una capacidad contaminante en el sentido productivo del término, por supuesto. [...] Los procesos de institucionalización, cuando son forzados, tienen muchos problemas."

Como dijimos, las estrategias dependen a su vez de la permeabilidad diferencial según los niveles, de grado y de posgrado:

> "De generar o de tratar de proponer un cambio o de impulsarlo, lo veo mucho más factible hacerlo vía posgrado que incidiendo en el grado, aun cuando sea importante hacerlo en el grado también. Pero quiero decir que no me parece que sea posible... En algunas universidades de las grandes puede tardar años y años de reuniones para cambiar el currículum."

Estos dichos de una economista e investigadora sobre universidad son compartidos por un sociólogo *queer*:

> "El doctorado tiene una ventaja: es, primero, interdisciplinario y segundo, se arma a partir de la elección del tema de investigación que propone el doctorando. [...] Y en tanto que yo tengo que generar una oferta adecuada para los doctorandos, eso me obliga a generar seminarios sobre el tema."

La flexibilidad de los programas de posgrado (más abiertos a la investigación y los nuevos desarrollos, donde prevalecen becarios jóvenes), ha alentado los esfuerzos hacia la inclusión de las sexualidades y estudios de género a ese nivel. Hay una nueva generación de graduados en Ciencias Sociales y Humanidades que han logrado insertarse en carreras académicas como investigadores y/o docentes como resultado de haber elegido dedicarse a las sexualidades –un campo nuevo– más que a otros campos tradicionales, donde las jerarquías son más asimétricas y hay más "cuellos de botella". Ofrecer estos temas en los niveles de posgrado es una manera de promover indirectamente su incorporación en los programas de grado.

Conclusiones

La Argentina ha sido uno de los primeros países en la región en realizar su transición demográfica y secularizar la legislación sobre sexualidad y género. Desde principios del siglo XX, ha tenido un sistema público de universidades con autonomía política y un importante y activo movimiento estudiantil. Ello haría pensar en condiciones favorables a la incorporación e institucionalización de estudios sobre género y sexualidades.

Sin embargo, la magnitud de las universidades públicas (con cientos de miles de estudiantes) combinada con el precario presupuesto –uno de los resultados de las reformas neoliberales–, vuelve al contexto poco propicio para la flexibilidad y la innovación en cualquier sentido.

Las demandas políticas y los cambios en la legislación sobre género, sexualidad y reproducción que han tenido lugar desde la década de 1980, favorecidos por la democracia y alentados por el activismo de feministas y lesbianas, gays y trans, han instalado la temática sexual en la arena pública, ayudando a las iniciativas académicas que luchan por incluirla en la currícula universitaria. Los esfuerzos iniciales de profesoras feministas han colaborado a forjar un espacio en las universidades para una generación más joven de docentes e investigadores sobre prácticas sexuales, diversidad sexual y género, y/o que incorporan dimensiones de género y sexuales a sus estudios sobre otras temáticas.

No es posible generalizar, puesto que algunas disciplinas (las de Humanidades y Ciencias Sociales) son más receptivas que otras (como Derecho y Medicina), y los avances han sido más rápidos o extendidos en algunas universidades que en otras.

El género y las sexualidades han sido incorporados en la currícula, por un lado, a través de la creación e institucionalización de cursos y programas específicos (usualmente por académicos y profesores reconocidos) y, por otro lado, a través de la inclusión transversal de temas de género y/o sexualidades en cursos establecidos (por ejemplo, en las maestrías de Salud Pública o de Derecho de Familia). Si la generación pionera tuvo dificultades al poner a prueba su prestigio o la posibilidad de una carrera académica, las generaciones más jóvenes, por contraste, han podido desarrollar una carrera académica haciendo investigación –y, cada vez más, enseñando– sobre temas de género y sexualidades. Quizá, en términos relativos, estas nuevas generaciones han sido beneficiadas respecto de sus congéneres que trabajan otros temas, a los cuales han llegado en una situación de "cuello de botella".

En conclusión, en un contexto de inercia ante cualquier innovación temática, disciplinar o pedagógica, los estudios sobre mujeres, género y sexualidades se abrieron paso hacia la institucionalización en la educación superior de la Argentina. Dos grandes perspectivas coexisten, en un espacio aún restringido: una construccionista (con todas sus variantes y críticas), predominante en Ciencias Sociales y Humanidades, y una más ligada a la identificación entre sexo y género, y género asociado a "mujeres", predominante en los ámbitos biomédicos y jurídicos.

Quedan pendientes la consolidación institucional de estos estudios en tanto departamentos o cátedras y, en un sentido más amplio, el fortalecimiento de estudios que trasciendan las fronteras rígidas entre disciplinas y enfoques. Por último, una mayor y más dinámica interacción entre academia, sector gubernamental y movimientos sociales también es una deuda pendiente en el área de las sexualidades y el género.

Anexo: Descripción de la metodología y el trabajo de campo

La estrategia de investigación incluyó las siguientes técnicas: a) mapeo de instituciones, cursos y facultades; b) entrevistas semi-estructuradas y grupos focales con profesores universitarios y otros informantes clave (por confidencialidad, mantenemos aquí anónimas sus identidades); c) encuesta a una muestra no probabilística de estudiantes. El trabajo de campo fue llevado a cabo entre 2006 y 2007.

a) Mapeo: realizamos una búsqueda electrónica en los sitios web de todas las universidades nacionales y algunas universidades privadas, que nos permitió evaluar la información disponible sobre cursos de grado y posgrado acerca de sexualidades y género. Adicionalmente, esta búsqueda ayudó a identificar facultades e instituciones que ofrecen estos cursos en provincias. Los informantes clave, contactados por correo electrónico y seleccionados a través de la técnica de la "bola de nieve", enviaron abundante información sobre cursos y personas que enseñan o han enseñado sexualidades y género en universidades u otras instituciones así como también centros de investigación y equipos que estudian estas cuestiones y podían proveer información sobre tales ofertas académicas. Algunos también aportaron los programas de sus cursos. Así, identificamos aquellos cursos que incluyen contenidos de sexualidades y/o género, y descargamos los planes de estudios y programas disponibles.

b) Entrevistas y grupos focales: entrevistamos a 24 profesores universitarios (mujeres y varones) de variadas disciplinas, afiliaciones institucionales y trayectorias personales, que enseñan cursos universitarios de grado y/o posgrado sobre sexualidades y/o género, mayormente en universidades públicas. Muchos son reconocidos investigadores y algunos participan en debates públicos relacionados con estas cuestiones. La mayoría de ellos son docentes con vasta experiencia (predomina el grupo etario de 50 a 65 años, solo tres están alrededor de los 40). En las entrevistas indagamos sobre: esquemas conceptuales usados en los cursos; estrategias pedagógicas; actitudes observadas en los estudiantes en relación a sexualidades y género; actitudes observadas en otros profesores; conexiones entre enseñanza e investigación, y entre academia y trabajo comunitario; opiniones sobre el campo de los estudios de sexualidades en la Argentina, especialmente sobre los factores que dificultan o favorecen su institucionalización. Los grupos focales fueron diseñados para enriquecer los datos obtenidos en las entrevistas individuales y discutir los hallazgos preliminares. También promovimos la reflexión en torno a los pros y contras de las diferentes estrategias que podrían contribuir a la consolidación y expansión del campo. Se realizaron dos grupos con un total de nueve participantes (profesores de ambos sexos). Cuatro participantes tenían en ese momento o habían tenido en el pasado reciente cargos administrativos o políticos en programas de educación superior. También participó una especialista en educación superior.

c) Encuesta a una muestra no probabilística de estudiantes universitarios de grado y de posgrado en universidades públicas y privadas. Fueron encuestados 349 estudiantes matriculados en seis programas de grado y tres de posgrado en diferentes disciplinas –en dos universidades nacionales y dos privadas–, para explorar sus conocimientos sobre la enseñanza de cuestiones de sexualidades y género a nivel universitario y su potencial interés en la inclusión de estos temas en la currícula.

Los datos recolectados a través de Internet y la información provista por informantes vía correo electrónico nos permitió estimar la cantidad y el tipo de cursos sobre sexualidades y género incluidos en la currícula universitaria argentina al momento de hacer el levantamiento. Las entrevistas y los grupos focales ayudaron a documentar y analizar la historia, el estatus actual y el futuro de la enseñanza sobre sexualidades y género en las universidades, desde la perspectiva de sus protagonistas. Los datos de la encuesta brindaron una aproximación a las percepciones de los estudiantes y sus intereses en lo que respecta a la enseñanza y el aprendizaje de estos temas en las universidades.

Referencias bibliográficas

Barrancos, D. (2005). "¿Por qué y para qué un doctorado de estudios de género en el MERCOSUR?" En Quartim de Moraes, M. L. (ed.) *Gênero nas fronteiras do Sul.* Campinas, Brasil: Pagu/Núcleo de Estudos de Gênero, Universidad Estadual de Campinas, 11-33.

Bonder, G. (1998). "Los estudios de la mujer en Argentina: reflexiones sobre la institucionalización y el cambio social". En Bonder, G. (ed.), *Los estudios de la mujer en América Latina.* Washington DC, Estados Unidos: Organización de Estados Americanos, 17–36.

Cano, D. (1985). *La educación superior en la Argentina.* Buenos Aires, Argentina: Grupo Editor Latinoamericano.

Comisión Nacional sobre la Desaparición de Personas (CONADEP) (1999). Informe *Nunca Más.* Buenos Aires, Argentina: Eudeba.

Dirie, C. (2002). *Mapa de la Oferta de Educación Superior en la Argentina del 2000.* Informe Final.

Fernández Lamarra, N. (2002). *La educación superior en Argentina.* Buenos Aires, Argentina: Eudeba.

García de Fanelli, A. y Balán, J. (1994). "Expansión de la oferta universitaria: nuevas instituciones, nuevos programas". En *Documentos CEDES* 106, Serie Educación Superior. Buenos Aires, Argentina: Centro de Estudios de Estado y Sociedad (CEDES).

García de Fanelli, A. (1996). "Estudios de posgrado en la Argentina: alcances y limitaciones de su expansión en las universidades públicas". En *Documentos CEDES* 114, Serie Educación Superior. Buenos Aires, Argentina: Centro de Estudios de Estado y Sociedad (CEDES).

García de Fanelli, A. (2000). "Transformaciones en la política de educación superior argentina en los años noventa". En *Revista de la Educación Superior en Línea,* 114.

Gogna, M. (2005). *Estado del arte: investigación sobre sexualidad y derechos en Argentina (1990-2002).* Buenos Aires, Argentina: CEDES y Centro Latinoamericano de Sexualidad y Derechos Humanos (CLAM).

Grimberg, M. (1995). "Sexualidad y construcción social de HIV/sida: las representaciones médicas". En *Cuadernos Médico Sociales,* 70, 37–51.

Kandel, V. N. (2005). *Participación estudiantil y gobierno universitario. Nuevos actores – Viejas estructuras.* Tesis de maestría no publicada. Facultad Latinoamericana de Ciencias Sociales, Argentina.

Lamarque de Romero Brest, G. (1998). "Ten Years of Change at the University of Buenos Aires, 1956-1966: Innovations and the Recovery of Autonomy". En *Universities Facing the Future: The World Year Book of Education, 1972-1973.* Londres, Reino Unido: Evan Brothers Limited.

Ministerio de Cultura y Educación de la Nación, Secretaría de Política Universitaria (2005). *Anuario 2005 de Estadísticas Universitarias.* Buenos Aires, Argentina: Ministerio de Cultura y Educación de la Nación.

Ministerio de Cultura y Educación de la Nación, Secretaría de Política Universitaria (2006). *Anuario 2006 de Estadísticas Universitarias.* Buenos Aires, Argentina: Ministerio de Cultura y Educación de la Nación.

Pantelides, E. (2004). "Aspectos sociales del embarazo y la fecundidad adolescente en América Latina". En Centro Latinoamericano y Caribeño de Demografía (CELADE), *La fecundidad en América Latina: ¿transición o revolución?* Santiago, Chile: Comisión Económica para América Latina y el Caribe (CEPAL), 167–187.

Papadópulos, J. y Radakovich, R. (2005). "Educación Superior y Género en América Latina y el Caribe". En *Informe sobre la Educación Superior en América Latina y el Caribe 2000-2005.* 118–128. Buenos Aires, Argentina: Instituto Internacional para la Educación Superior en América Latina y el Caribe (IESALC).

Rotunno, C. y Díaz de Guijarro, A. (2003). *La construcción de lo posible: la Universidad de Buenos Aires de 1955 a 1966.* Buenos Aires, Argentina: Libros del Zorzal.

Rubin, G. (1989). "El tráfico de mujeres: notas sobre la 'economía política' del sexo". En Lamas, M. (comp.) *El género: la construcción cultural de la diferencia sexual.* México DF, México: Programa Universitario de Estudios de Género, Universidad Nacional Autónoma de México (PUEG/UNAM) y Miguel Ángel Porrúa, 35–96.

ESE:O y el Proyecto de Sexualidades:
UNA METODOLOGÍA CRÍTICA Y FEMINISTA PARA UN TRABAJO COLABORATIVO EN LÍNEA

Soledad Falabella - María Rosa Maurizi
Allison Ramay

ESE:O, cuyo nombre significa "ensayo literario" en esperanto, es una organización sin fines de lucro que diseña, desarrolla e implementa proyectos sociales a través de la escritura y la interacción en línea en comunidades virtuales. Fue fundada el año 2001, en Santiago de Chile, por tres investigadores (Soledad Falabella, Rodrigo Marilef y María Rosa Maurizi) con experiencia en temas de género y estudios en sexualidad, literatura, filosofía y comunicaciones tecnológicas. El objetivo de la organización es el uso del potencial creativo de Internet y las tecnologías digitales para promover y coordinar proyectos socialmente comprometidos de investigación-acción, que involucran escritura, enseñanza y coordinación, y que están destinados a producir textos escritos, tales como documentos, artículos, informes y libros.

La necesidad de fundar ESE:O está relacionada con la profunda crisis experimentada por el sistema de universidades chilenas durante la dictadura de Pinochet (1973-1990) y sus consecuencias. El régimen militar asumió la neoliberalización de todos los modos de producción en Chile, lo que trajo como consecuencia un profundo cambio de valores en todos los ámbitos del quehacer nacional, incluyendo el intelectual. En la esfera académica, esto condujo a la sobrevaloración de las ciencias "duras" y sus metodologías, en menoscabo de las Humanidades. Durante los pasados 25 años, el conocimiento más valorado como prestigioso es producido principalmente por economistas (Dezalay y Garth, 2002), rebautizados "ingenieros comerciales" (lo que permite clasificarlos como profesionales de las ciencias "duras") e ingenieros tradicionales. En contraposición, académicos, intelectuales y profesionales de las Humanidades son considerados como "blandos" y por tanto menos legítimos (De Toro, 2008; Rojo, 1998; Silva, 2001). Este cambio ha tenido un enorme impacto negativo en el sistema educacional, incluyendo recorte de fondos e incluso la eliminación de departamentos de Humanidades en muchas universidades chilenas. El sistema de las universidades públicas en Chile se hundió en una severa crisis que todavía está sin resolver (Bentolila *et al.*, 2007).

ESE:O, como organización sin fines de lucro, funciona independiente del sistema universitario nacional, proporcionando un ambiente de aprendizaje alternativo que incluye modos de aprendizaje cara a cara y en línea, que complementan las ofertas académicas tradicionales. Estar fuera del sistema, como estrategia, permite lograr trabajo colaborativo a través de múltiples fronteras disciplinarias. El resultado es relevar el potencial de diversos grupos sociales para trabajar de forma autónoma y construir un lenguaje común, permitiendo proyectos comunitarios que crean colectivamente una identidad y un discurso únicos (Bakhtin, 1981; Cornejo Polar, 1994).

Los conceptos metodológicos de ESE:O están, en gran parte, arraigados en el feminismo, el cual promueve un cambio del paradigma tradicional de trabajo basado en una división jerárquica de labores hacia lo colectivo, un modo horizontal y una conciencia crítica de la producción/reproducción, visible/invisible, aspectos de trabajo del género en el paradigma tradicional. Metodológicamente, el lenguaje y otros medios de comunicación (incluida la tecnología y el espacio virtual) son considerados como medios de comunicación social, políticos y performativos.

Asimismo, hay un fuerte impulso de las comunidades para tomar la "propiedad" de estos medios, facilitando así la capacidad del proceso de creación.

El diálogo se convierte en un aspecto crítico para la producción de resultados escritos, necesarios para la comunidad. La metodología desarrollada por ESE:O utiliza la edición de pares entre los escritores, como una manera de alentar un proceso guiado de diálogo colaborativo. Otro elemento es la plataforma virtual, que se usa para facilitar la comunicación y el intercambio de ideas, acortando tiempo y distancia entre los participantes (Amhag y Jakobsson, 2009; An *et al.*, 2009; Schrire, 2006). El objetivo final es la creación de aprendizaje autosostenido de las comunidades donde la capacidad de creación es fundamental. Un resultado esperado al trabajar con la metodología de ESE:O es llegar a ser independiente de ESE:O.

Una comunidad de aprendizaje fue convocada por el proyecto "Incorporación de la enseñanza sobre sexualidades en la currícula académica de universidades de Asia, África y América Latina", que incorpora el género y las sexualidades en los planes de estudio académicos de universidades situadas en dichos continentes a través de una iniciativa de investigación-acción. El Proyecto de Sexualidades fue destinado a:

"Crear una masa crítica de investigadores, intelectuales con interés en lo público, ONGs y los encargados de tomar decisiones sensibles a los retos de investigación y enseñanza de sexualidad y cuestiones de género. [ ] Constituyen un grupo de investigadores para trabajar juntos a través del tiempo y el espacio, en favor de la inclusión formal de estos temas en el ámbito académico en diferentes campos de estudio y disciplinas." (Proyecto de Sexualidades, 2006).

Para ESE:O, este proyecto fue una oportunidad para responder a dos intereses distintos: como una organización fundada por investigadores venidos de las Humanidades y los Estudios de Género, se identificó con la necesidad de desarrollar programas para el estudio de las sexualidades; como una organización creada en reacción al menoscabo de las Humanidades en las instituciones académicas chilenas, esto brindó una posibilidad para crear una comunidad de aprendizaje en un marco institucional paralelo, al poner en marcha esta evolución metodológica.

Rol de ESE:O en el Proyecto de Sexualidades

ESE:O se une al Proyecto de Sexualidades el año 2005 cuando su coordinadora, Adriana Ortiz-Ortega, invitó a Soledad Falabella y al equipo ESE:O a diseñar una estrategia de comunicación para apoyar la coordinación. El Proyecto de Sexualidades requería un sistema de comunicaciones que fuera simultáneamente local y global, donde investigaciones independientes podrían ser enriquecidas tanto por diálogos locales como internacionales.[24] En efecto, la principal preocupación era cómo fomentar un diálogo global entre los investigadores que propusiera soluciones a sus necesidades metodológicas y comunicara los resultados a diversas audiencias con propósitos locales, regionales y globales. Entonces, la primera tarea consistió en un diseño de estrategias eficientes tanto para lo "virtual" (a distancia, a través de Internet) como para aquello cara a cara, en una interacción escrita coherente con el marco epistemológico de la investigación que se conducía. La invitación de Ortiz-Ortega a ESE:O significaba reestructurar la coordinación

---

[24]   Participaron investigadores de cinco países: Mónica Gogna, Mario Pecheny y Daniel Jones (Argentina); Teresa Valdés (Chile); Peng Tao, Pan Suiming y Huang Yingying (China); Adriana Leona Rosales Mendoza, Betania Allen-Leigh y Aymara Flores Soriano (México); y Jane Bennett y Vasu Reddy (Sudáfrica).

del Proyecto de Sexualidades alrededor de un concepto
–la comunicación mediada por la tecnológico– que era
totalmente nuevo para la mayoría de los participantes.
Al final de la primera reunión, incluso los participantes
escépticos estaban ansiosos por la experiencia en este
espacio innovador.

Previamente al Proyecto de Sexualidades, ESE:O había
trabajado con estudiantes de diferentes países, regiones,
disciplinas e idiomas, en taller, utilizando la plataforma
virtual por períodos de que iban de seis semanas a ocho
meses. El Proyecto de Sexualidades, sin embargo, fue un
espacio mucho más amplio. Se trabajaba con investigadores
de diferentes continentes para formar una comunidad por
un plazo extendido de tiempo, a través de fases bianuales.
Al principio, las diferencias en culturas, idiomas, disciplinas y contextos del Proyecto de Sexualidades parecieron
desalentadoras, pero finalmente han permitido desarrollar
y demostrar el potencial de la metodología adoptada, para
facilitar la investigación y la colaboración académica.

Un problema inicial que los participantes enfrentaron
fue "balancear" el marco geopolítico del proyecto en términos de la distribución del poder y el papel del lenguaje, ya
que el Proyecto de Sexualidades se definió así mismo como
un proyecto para la cooperación Sur a Sur. Los participantes
necesitaron definir por sí mismos el significado de la etiqueta
"Sur". ¿Quién pertenece a esta categoría? ¿Están México y
China en el Sur? Si es así, ¿implica que tengan menos poder
porque no están en el "Norte"? Spivak (1988) en *Can the
Subaltern Speak?* argumenta que los subalternos o las personas que viven y se mueven fuera de la potencia hegemónica
de poder (o el Norte), se limitan a expresarse a sí mismas
dentro de los paradigmas construidos en el primer mundo.
Dado que los subalternos no tienen acceso a los discursos
locales que han sido reconocidos o validados en el Norte,
no pueden participar en el "diálogo" con el Norte. Spivak

insiste en que no solo los subalternos no pueden "hablar", sino que los no subalternos son incapaces de "escuchar".

Para enfrentar los retos que implica estar hablando desde el Sur, ESE:O propone el concepto de "logodiversidad" para reconocer y validar el valor de diversos idiomas y mentalidades trabajando en conjunto hacia un entendimiento e identidad común. Este concepto es útil en la medida que reconoce los "silencios" que se instalan desde el Norte y los paradigmas hegemónicos construidos para el Sur. En segundo lugar, reconoce diferencias sociolingüísticas, así como diferencias en el significado y uso de la "lógica" o la "razón" en el Sur. Finalmente, este término asume que la diversidad lingüística implica siempre heterogeneidad epistemológica y diversidad cultural (Castro-Gómez y Mendieta, 1998; Chouliaraki y Fairclough, 1999; Fairclough, 1989; Lander, 2000; Meyer *et al.*, 2001; Spivak, 1983, 1988; Walsh, 2008).

Un problema importante para el Proyecto de Sexualidades fue cómo evaluar el lenguaje configurado en el marco del trabajo comunitario. El inglés fue la única lengua compartida por todos los participantes (aunque, para la mayoría, ésta no era su lengua nativa). Esto planteaba un punto de discordia que hizo tomar en cuenta los obstáculos y resistencias implícitas en el uso del inglés como segunda lengua para fines académicos (Swales, 1990). Fue requerida una estrategia para hacer frente a esta complejidad, hecho visible a través de las múltiples formas de utilizar el inglés que aparecen en las intervenciones de la plataforma. Dada la naturaleza controversial de utilizar solamente inglés, algunas consideraciones fueron necesarias antes de adoptarlo como la *lingua franca* del proyecto. ¿Podrían los participantes tornar la práctica de usar el inglés en algo más significativo que utilitario, que también pudiera servir para integrar la diversidad lingüística del grupo? ¿O podría el uso de solo inglés ser subvertido? ¿Qué estrategias deben ser desarrolladas para que las voces del Sur sean escuchadas y reconocidas?

Igualmente central para esta empresa era el reto de construir un diálogo entre diversas disciplinas académicas. Inicialmente, los participantes fueron investigadores tanto de ciencias "duras" y "blandas", incluyendo Medicina, Salud Pública, Sociología, Psicología, Ciencias Políticas y Literatura. Esta diversidad contribuyó para una multiplicidad de puntos de vista sobre la naturaleza de la investigación, la validez de datos y la naturaleza de la verdad (Sperber, 2003). La teoría literaria y la experiencia con la diversidad lingüística permitieron comprender el valor de esta diversidad. En este sentido, la contribución de Jane Bennett y Vasu Reddy –ambos estudiosos literarios sudafricanos– fue muy significativa, ya que insistieron en la importancia de las cuestiones lingüísticas, determinantes en el diálogo durante el proyecto y sus resultados finales.

Ser capaz de validar distintos enfoques fue clave para la producción de un diálogo comunitario y colaborativo. El filósofo ruso de la lengua Bakhtin (1981), utiliza los términos "diálogo" y "dialógico" (en oposición a "monólogo" y "monológico") para indicar la multiplicidad y el carácter abierto de la construcción del significado. La noción de "dialógico" tiene una implicación utópica subyacente: cuando los individuos participan en el diálogo o participan en la comunicación, lo hacen de igual a igual. Cada persona tiene la capacidad para "hacer preguntas, escuchar, responder" y, cuando lo hacen, contribuyen a un proceso social de construcción de significado. Cornejo Polar (1994), un investigador literario de Perú, también destaca el carácter abierto del diálogo, pero toma la noción un paso más allá, vinculándolo a la construcción del discurso y la identidad. En su opinión, los grupos sociales basados en la diversidad –como las comunidades inmigrantes– colectivamente construyen, producto del diálogo, una nueva y heterogénea identidad.

Para ambos teóricos, el significado es siempre dinámico y se construye de forma colectiva y horizontal. Esto contrasta con la construcción vertical, que corresponde al modelo patriarcal de creación de significado y de comprensión de cómo se gesta el significado. El desafío es cómo construir una comunidad discursiva capaz de reconocer y aceptar su heterogeneidad y tomar ventaja de esto para lograr sus objetivos. En el contexto del proyecto, fue importante que esta conciencia emergiera desde dentro del grupo, lo que da forma al trabajo, tal como ha venido desarrollándose.

Los participantes del Proyecto de Sexualidades y ESE:O fueron capaces de fusionar fundamentos geopolíticos y filosóficos en una plataforma virtual, que sirvió como el principal canal de comunicación para la comunidad. La incorporación de las nuevas tecnologías de información y comunicación (TICs) ofrece el espacio ideal para el diálogo que promulga la comunicación horizontal sobre la que Bakhtin (1981) habla: la plataforma virtual facilita la posibilidad de crear "comunidades". Entendidas como grupos de personas con un propósito e identidad común, las plataformas virtuales permiten a estas comunidades desarrollar su objetivo común en la medida que trabajan arduamente por él (Rheingold, 2000). En términos de identidad, las plataformas virtuales pueden ser espacios donde los participantes formen un vínculo único entre ellos, que se extienda más allá de las necesidades prácticas que involucra el propósito de la comunidad (Smith, 1999).

Las plataformas son espacios –ya sea públicos (abiertos) o privados (cerrados)– donde las comunidades pueden comunicarse sobre determinados temas. Plataformas públicas incluyen portales como *MySpace*, *Facebook* y la cara pública de sitios webs institucionales. Una plataforma privada es un espacio accesible solo con permiso y posee características que restringen el acceso (requiriendo usuario y contraseña para ingresar).

El uso de plataformas puede beneficiar el trabajo académico en general y en especial la escritura académica, ya que permite a las personas trabajar individual y colectivamente. El escritor puede trabajar desde cualquier lugar –hogar, *cybercafé*, oficina– y recibir comentarios de sus colegas de todo el mundo. Espacios y plataformas virtuales pueden organizar sistemáticamente múltiples interacciones de los proyectos en un solo artículo, permitiendo a los lectores y escritores acceder a las diversas versiones coexistentes (Perry y Smithmier, 2005; Staley, 2009). De esta manera, la tecnología se convierte en un medio y no en el enfoque; el diálogo escrito, el tejido que da vida a la plataforma, puede tener lugar más allá de las barreras convencionales de tiempo y de espacio (Clark y Chalmers, 1998; Clark, 2008).

Metodología

Dos elementos esenciales de la metodología llevada a cabo por el Proyecto de Sexualidades de ESE:O son la disposición y trabajo en la plataforma de Internet y la manera en que se fomenta y emplea la edición de pares.

Plataforma como lugar y foco

La figura de la plataforma, que surge de las nuevas posibilidades creadas por las TICs, se ha discutido en términos generales en las secciones anteriores. En el Proyecto de Sexualidades, el uso de la plataforma fue guiado por la combinación de una cultura académica y la metodología específica de ESE:O. Lo cual conlleva ver la plataforma como un espacio para la composición abierta del diálogo, en el que la comunidad construye sus propios discursos, crea su propia vida y se convierte en un mundo propio.

La plataforma desarrollada por *E-ducativa*, una compañía de *software* argentina, para este proyecto fue configurada con tres secciones principales: mensajes grupales, carpetas temáticas y foros. Todas las entradas en la plataforma y todas las interacciones escritas se registran y se convierten así en información pública para los miembros de la comunidad. Estos registros pueden ser aprovechados para producir resultados posteriores al proyecto, como documentos, artículos e informes.

Aunque los participantes inicialmente tenían distintos niveles de accesibilidad y/o conocimientos tecnológicos, todos pudieron dominar la tecnología. ESE:O ideó una metodología de introducción gradual paso a paso para los investigadores. A los participantes se les pidió que se presentaran y resolvieran preguntas metodológicas claves antes de iniciar la investigación. Mientras, a través de la plataforma, la *webmaster* de ESE:O monitoreaba estos pasos preliminares y garantizaba el adecuado funcionamiento del sistema tecnológico.

Simplicidad y facilidad de acceso fueron los principios guías de la plataforma para el Proyecto de Sexualidades. Un reducido número de colaboradores de ESE:O intervino, cada uno con distinta función: Soledad Falabella, coordinadora; María Rosa Maurizi, *webmaster* y Allison Ramay, asistente. La información estadística producida por la plataforma fue sistemáticamente compartida con la coordinadora del Proyecto de Sexualidades, Adriana Ortiz-Ortega, para dar seguimiento al proceso y utilizar esta información para estimular el diálogo.

La edición de pares como diálogo

La segunda herramienta metodológica clave desarrollada por ESE:O es el ejercicio colectivo de la edición de pares, en un espacio donde los grupos tienen el potencial de construir su propio lenguaje compartido. La edición de pares estimula la construcción de una comunidad basada en el diálogo colaborativo, la solidaridad y el trabajo colectivo, fomentando la confianza y la cohesión social. El proceso de edición de pares implica participantes trabajando en parejas o grupos, leyendo y comentando el trabajo escrito del otro. El Proyecto de Sexualidades utiliza dos modalidades: algunas veces los equipos estaban en parejas y en otras ocasiones todo el grupo comentó sobre el trabajo de los equipos.

Si bien la edición de pares implica un enfoque de "corrección" gramatical o de contenido a un determinado documento, la metodología desarrollada lo considera como algo más amplio: supone una orientación sensible, crítica y constructiva y, a la vez, un diálogo acerca del trabajo escrito. Bajo esta perspectiva, el documento mismo se convierte en un punto de entrada al diálogo, y es guiado por la interacción en línea que se basa en "la teoría de colaboración" y "el proceso social de producción escrita." (Bruffee, 1984).

Es importante tener en mente que en el proceso de edición de pares, el lenguaje es a la vez un enfoque y el medio para el diálogo. Según Butler, el lenguaje es tanto una acción como el efecto o consecuencia que resulta de las formas en que se utiliza. Como señala en *Excitable Speech*: "El lenguaje es un nombre para nuestro hacer: tanto ⊠qué⊠ hacemos (el nombre para la acción que caracteriza la *performance*) y nuestro efecto, el acto y sus consecuencias." (Butler, 1997: 8). En consecuencia, la edición de pares es un proceso tanto para hacer como para reflexionar sobre los efectos y consecuencias de nuestro hacer.

Durante el transcurso del Proyecto de Sexualidades se ofreció a los colegas una discusión de metodologías, propuestas de planes de estudio, creación de redes y escritura de informes, artículos y capítulos. Una de las actividades de la primera plataforma en la que los investigadores participaron, fue un ejercicio para presentar a los demás la condición de género y sexualidad en sus universidades locales y cómo se relacionaba con el uso del lenguaje. A los equipos se les pidió presentar un "Documento de Punto de Partida"[25] describiendo y reflexionando sobre los propios supuestos acerca de la sexualidad, que cada uno pone en juego en el proyecto. Las respuestas debían ser publicadas en un foro. La discusión sobre las similitudes y diferencias de los contextos locales duró tres meses, y fue vital para establecer acuerdos sobre el lenguaje y las hipótesis necesarias para desarrollar un lenguaje común. En este sentido, la edición de pares acordada por la metodología de ESE:O es un esfuerzo colaborativo que implica un proceso social de construcción de un lenguaje común, cuyo resultado es la construcción de la comunidad.

Paradoja de la (in)visibilidad

Una consideración metodológica adicional fue la "presencia" de ESE:O en una plataforma tecnología diseñada para ser lo menos intrusiva posible.

"Nuestra colaboración como equipo de ESE:O ha sido intencionalmente desde una perspectiva feminista, primero porque asume metodológicamente el peso de la identidad de género y la aporía implícita de "prestar un servicio". Esto es, tradicionalmente la prestación de servicios está relacionada con "lo femenino", y esta ubicación es borrada y, por lo tanto, olvidada. ESE:O conscientemente se acerca a la comunidad académica como un "proveedor de servicios" y

---

[25] La coordinadora del proyecto pidió a cada equipo por país un "Documento de Punto de Partida", donde establezca claramente: "1) las categorías de análisis que utilizará; 2) las personas que serán entrevistadas; 3) qué tipo de técnica de entrevista deberán utilizar; y 4) el marco teórico del trabajo y el punto de vista" (carta de Adriana Ortiz-Ortega, 1º de agosto, 2005).

utiliza esta "eliminación" en beneficio de la fantasía virtual. En la medida que la comunidad académica hace uso de los espacios y prácticas diseñadas, estos espacios y prácticas se hacen visibles. Este es un fenómeno por el cual gradualmente un grupo se convierte en una comunidad virtual autónoma, apropiándose de los espacios virtuales que fueron originalmente creados por ESE:O. Este proyecto busca explorar muchos de los actuales desafíos con respecto a cómo las tecnologías de comunicación modifican las formas en que creamos conocimiento y también la manera de cuestionar las prácticas más establecidas y aceptadas por la colaboración académica tradicional." (María Rosa Maurizi y Soledad Falabella, comentario de la plataforma, 20 de enero, 2009).

Como una organización inspirada por la teoría feminista, es importante reconocer el rol generalmente "invisible" desempeñado por los avances tecnológicos que colaboran en mantener la plataforma del Proyecto de Sexualidades. La plataforma es un espacio "en medio", ni global ni local, un "camino" que enlaza diferentes mundos y es creado diariamente por todas las acciones que facilita y apoya. Esta permanente "disponibilidad", esta inmediatez (una ilusión de virtualidad), tiene lugar en un espacio que tradicionalmente el género define como femenino.

Un paralelo simbólico de este canal invisible es la "vagina olvidada" descrita por Irigaray en *Speculum of the Other Woman*, donde critica la tradición filosófica occidental de la mujer borrada del discurso y, por lo tanto, del lenguaje (Irigaray, 1985: 247). La sección de la "vagina olvidada" se refleja en la lectura de Heidegger (2002) de la alegoría de la caverna de Platón, un comentario sobre cómo la tradición occidental, como demuestran ambos pensadores, pasa por alto el "medio" que constituye el "pasaje" que sostiene la alegoría. Como tal, la metodología tiene como objetivo subvertir esta invisibilidad al usarla para mejorar los procesos productivos que crean nuevos conocimientos.

Tanto la invisibilidad de la plataforma y el servicio prestado por ESE:O como medio de comunicación es deseable en términos de no impertinencia, pero al mismo tiempo crea la voz denunciada por Irigaray. Esto trae consigo fallas inherentes de comunicación y una disminución del sentido de igualdad, participación y valor. Al abordar esta dimensión de la colaboración en línea, era importante no perder de vista la disposición del servicio, las soluciones y la participación de todos los participantes del Proyecto de Sexualidades. En lo que respecta a su propia visibilidad, ESE:O vio su responsabilidad en el proyecto como un "espejear" o reflexionar sobre las intervenciones de los investigadores en función de su participación. Esto es evidente en un comentario en uno de los foros iniciales: "Es importante reflexionar sobre la metodología o ⊠modalidad de trabajo⊠ de la investigación del proyecto como grupo: ¿Cómo podemos entender las principales directrices y cuestiones relacionadas en la investigación de este proyecto?" (María Soledad Falabella, comentario de la plataforma, 12 de diciembre, 2005).

Una forma de ilustrar este proceso fue a través del uso de gráficos que comparaban y contrastaban las reacciones de los equipos. Al completar cada etapa del proyecto, estos gráficos destacaron tanto los temas comunes como las tensiones constructivas.

En concordancia con los objetivos del Proyecto de Sexualidades, la participación de ESE:O también tuvo como objetivo resistir las formas patriarcales de organización, en coherencia con Horkheimer y Adorno (2002: 2), relacionando los peligros de una tecnología que "[...] tiene como objetivo producir ni conceptos ni imágenes, ni la alegría de comprender, sino el método, la explotación de la labor del otro, el capital." La metodología empleada en el proyecto no intenta "dominar la naturaleza", sino crear un "otro" modo de producción que se opone a la crueldad y violencia impulsada por el mercado de la explotación. Se trata de fomentar un modo de producción informado por la autoconciencia y la solidaridad. Esto se logra, en parte, a través del proceso de edición de pares y la insistencia sobre la logodiversidad y el diálogo heterogéneo. Adicionalmente, la metodología hace visible el medio que Irigaray (1985) identifica como la "envoltura". La plataforma se convirtió en un espacio de contención, por decirlo de algún modo: un útero para la comunidad.

Resultados

Construyendo el "diálogo de voces"

Es difícil seleccionar qué momentos específicos en el "diálogo de voces" –usando el término de Bakhtin (1981-) mejor ilustran los resultados de la participación en el Proyecto de Sexualidades. Una forma de evaluar los resultados es revisar las estadísticas que la plataforma registra automáticamente. Estas demuestran la participación constante y activa de una comunidad de 20 investigadores de cuatro continentes (Norte América, América del Sur, Asia y África) durante un período de 4 años (2005-2009), con alrededor de 3.600 entradas independientes, en donde cada investigador e investigadora entró en la plataforma un promedio de 144 veces, y su "visita" duró un promedio de 18 minutos. La sección más frecuentemente visitada de la plataforma fue el foro. Otra fuente de la evaluación es una encuesta llevada a cabo por ESE:O en el año 2008 (el tercer año del proyecto), de la que están tomados algunos de los comentarios que se registran a continuación. Una tercera fuente de los resultados obtenidos es la progresiva aparición de un "lenguaje" común en que operaron los participantes. La mejor prueba de esto se encuentra en la misma plataforma, en los comentarios subjetivos (como se cita más abajo) a través de los cuales los investigadores reflejaron su relación con el grupo y el medio.

Diálogo colaborativo e interculturalidad

Uno de los elementos más fascinantes, desde la perspectiva de ESE:O, fue observar cómo las interacciones de equipos desplegaban "descubrimientos" colectivos e individuales que facilitaban su productividad académica. Este proceso fue esencial para fomentar el diálogo intercultural sobre el eje de las nuevas perspectivas del Sur de género y sexualidad. La plataforma registró cómo enfoques de equipos particulares sobre su investigación local evolucionaron como resultado de la colaboración de otras culturas. La respuesta de México al "Documento Punto de Partida de China" en un foro es un ejemplo de este proceso: "El 'Documento de Punto de Partida de China' propone explorar la viabilidad y validez de implementación de la educación sexual; reducir las barreras y mejorar las capacidades para fortalecer las habilidades en las áreas de sexualidad y educación" (Adriana Leona Rosales, comentario de la plataforma, 31 de enero, 2006). Este comentario sirvió para recalcar los objetivos generales del proyecto y la contribución de China en ellos.

En otro foro, México recibió una sugerencia de Argentina relacionada con la búsqueda de sitios web de universidades antes de llevar a cabo las entrevistas, que incorporó en su metodología. Conscientes o no, los equipos tejían preguntas y metodologías de los foros en sus procesos de investigación, y ESE:O ayudaba a hacer este proceso visible y explícito. Este diálogo "guiado" promovió un proceso de integración metodológica que entrelazó la teoría con la práctica de crear un discurso en el que las ideas son reformuladas, fusionando identidad y propiedad. Los resultados finales son creados por la comunidad: pertenecen y materializan el fundamento teórico de la colectividad.

Trabajar en inglés

La mayoría de los investigadores involucrados en el Proyecto de Sexualidades no son hablantes nativos de inglés, pero fue el único idioma común para todos. Teniendo el proyecto el objetivo de publicar un libro conjunto, requería la edición de pares en un solo idioma, por lo que los participantes acordaron llevar a cabo el proyecto en inglés. Esta decisión fue difícil. Había momentos en que los investigadores en la discusión reflejaron la idiosincrasia de utilizar una lengua no nativa para comunicar su trabajo intelectual en un campo en el que ellos eran muy versados. Más de un participante se sintió incómodo utilizando inglés y lo dejó claro en sus intervenciones: "He enviado las respuestas a todos sus comentarios a Adriana en español. Ella me ofreció traducirlos, ya que para mí es muy difícil dar respuestas complejas a preguntas importantes con mi limitado inglés" (Teresa Valdés, comentario de la plataforma, 20 de septiembre, 2007).

Sin embargo, la decisión de comunicarse en inglés fue recibida con gran aprecio por el único equipo cuya lengua nativa era el inglés:

"Hola a todos, espero que estén bien. Es maravilloso verlos en la pantalla. Los extraño a todos y quiero agradecerles por escribir aquí en inglés. Sé que esto es una presión adicional para muchos. ¡Yo he empezado clases de español!" (Jane Bennett, comentario de la plataforma, 13 de diciembre, 2005).

Aunque el idioma en que se comunicaron los investigadores fue el inglés, ellos también desarrollaron un lenguaje (como un vocabulario y discurso) que era exclusivo del proyecto y la comunidad. Esta lengua comunitaria envolvió la experiencia de los investigadores con la tecnología, la investigación y sus vidas personales. Esto no fue impuesto al grupo, sino que se desarrolló a partir de la comunicación dialógica y refleja las complejidades de la comunicación en el trabajo de la plataforma:

> "Francamente, la investigación de la sexualidad no es fácil, especialmente el diálogo entre y con los diferentes estudiosos, no solo debido a los diferentes valores, sino también por el lenguaje y la cultura. La tecnología de la plataforma virtual me proporcionó un mejor puente que es de ayuda para comprender a cada uno y comunicar ideas en un marco de trabajo. Más importante aun, hemos utilizado el mismo el lenguaje para discutir los mismos temas, lo que mejora el procedimiento del proyecto para transmitir y avanzar paso a paso." (Peng Tao, comentario de la plataforma, 3 de abril, 2008).

Para este investigador de China, las dificultades de comunicación en una lengua no nativa se superaron porque la colaboración se produjo en un lenguaje compartido. También alude a la idea de que esta comunicación fue "refrendada" por la plataforma. En este sentido, el "puente" es más que solo el idioma: también es la negociación de los estilos de comunicación que la plataforma facilitó.

Placer, carácter no sincrónico y compromiso a través del tiempo

El placer y la sensación de satisfacción que la comunidad experimentó estuvieron relacionados con lo interpersonal. Las relaciones humanas se hicieron posibles a través de la plataforma, convirtiéndose en un espacio en que los investigadores compartieron sus ensayos y vidas personales con el resto del grupo. Algunas veces compartieron información personal para explicar su ausencia en las discusiones y otras veces compartieron su felicidad o tristeza con el resto del grupo. Aunque la mayoría de los investigadores se veía dos veces al año en reuniones cara a cara, la plataforma siguió siendo un espacio en que compartían su vida pública y privada.

La comunidad de la plataforma creció para servir como un tipo de "envoltura", en consonancia al término de Irigaray (1985). De hecho, algunas de las intervenciones en la plataforma sugieren el placer de trabajar en un entorno cerrado, seguro y cálido, reminiscencia del vientre, de la "envoltura". Durante una conferencia en Lima, Perú, donde hubo poco tiempo para interactuar, ESE:O abrió un foro en la plataforma para que comentaran y discutieran las ponencias que escucharon. Los investigadores participaron con un interés genuino por compartir sus experiencias, lo que da fe del deseo constante, y no simplemente utilitario, de la comunidad. Mientras la conferencia ofreció oportunidades para escuchar, la plataforma fue el lugar donde los investigadores pudieron participar y "vociferar" sus opiniones con libertad y privacidad. En la siguiente intervención, una asistente de la conferencia expresa su deseo de compartir su experiencia intelectual y recibir la retroalimentación inmediata del grupo:

> "Hola a todos. Gracias, Soledad, por abrir este espacio y por empezar la conversación. Creo que tienes razón acerca de la ausencia del cuerpo en relación a las cuestiones de lo erótico, y me pregunto si ése no es el resultado de la decisión de reenfocarse en los debates sobre los derechos sexuales. No estoy sugiriendo que la discusión de los derechos necesariamente excluye lo erótico, sino que los paradigmas y lenguaje utilizados por los derechos no se prestan fácilmente a la exploración en profundidad de lo erótico. Éste es el desafío de pedir leyes para interactuar con los poetas." (Jane Bennett, comentario de la plataforma, 28 de junio, 2007).

La conferencia fue una experiencia sincrónica (una que es vivida, y no puede ser reproducida o controlada); en contraposición, la plataforma es una experiencia no sincrónica, esto es, accesible a cualquier hora, aun en medio de una presentación de la conferencia. Los investigadores se sentían continuamente acompañados por esta comunidad íntima e intelectual.

Cuando los investigadores reflexionaron sobre su experiencia con la plataforma, alabaron esta función no sincrónica para llevar a cabo sus funciones académicas:

> "Con los años, he ido familiarizándome con la plataforma y he aprendido a aprovecharla. En primer lugar, tenemos completamente archivado todo lo que hemos discutido, todos los archivos, todas las notas. Es una memoria escritural del proyecto que se me torna muy útil. Y puede ser consultada desde cualquier computador, en Chile o en cualquier lugar del mundo. He podido participar en el diálogo y tareas, incluso cuando estoy fuera de la ciudad o fuera de Chile." (Teresa Valdés, comunicación personal, 20 de septiembre, 2007)

No obstante, este estilo de trabajo tenía sus críticas y la simultaneidad de la interacción en línea no fue del gusto de todos. En la encuesta de evaluación del año 2008, los encuestados identificaron varios problemas y deficiencias. En algunos casos, los investigadores sugirieron que los problemas que experimentaron eran atribuibles a su propia falta de familiaridad con la tecnología de la plataforma. En otros, que la debilidad fue inherente a la tecnología misma. Éste fue el caso de una investigadora de México, quien señaló la falta de profundidad en las conversaciones conducidas en línea:

> "Ésta puede ser una profecía autocumplida, pero yo no siento que, en general, la discusión [en línea] sobre el proyecto haya llegado al mismo nivel de los debates cara a cara. En general, las discusiones no tocan cuestiones teóricas, pues generalmente no hay discusión acerca de lo que la gente está leyendo en relación a este proyecto, o sobre cuestiones metodológicas, u otras cosas relacionadas a la investigación que se está realizando. Yo, personalmente, no siento que las interacciones fueron tan ricas o fructíferas como las

interacciones cara a cara a menudo lo son. Tal vez porque el resto de los participantes ya se reunió en la vida real, ellos sienten la transferencia sobre la plataforma. Pero esto no me ha ocurrido a mí. [Además], no he utilizado la plataforma durante un largo período de tiempo como los demás participantes, por lo que esto puede ser una cosa individual." (Betania Allen Leigh, respuesta a la encuesta de 2008).

Los foros también plantearon un desafío inesperado para los *webmasters* y los facilitadores detrás de escena. El objetivo general de estos foros fue facilitar la formación de una comunidad en línea que pudiera coordinar el Proyecto de Sexualidades. Sin embargo, numerosos temas individuales encontraron su camino en las discusiones del foro, especialmente en la segunda fase (2005-2007). En palabras de la *webmaster* de ESE:O, María Rosa Maurizi, "vino un momento en que fuimos inundados por múltiples y fragmentados comentarios sobre diversos temas" (comentario de la plataforma, 20 de enero, 2009). Para hacer frente a esta proliferación y reducir el potencial de confusión, el equipo técnico de ESE:O procedió a reclasificar todos los temas del foro, cerrar algunos, mover otros al final de la lista y circular instrucciones sobre cómo usar la opción para ordenarlos por fecha.

El desafío de mantenerse al corriente e ir respondiendo a los múltiples foros en línea fue también una preocupación para algunos participantes. Una de las participantes encontró la naturaleza asincrónica de las discusiones en línea más confusa que útil:

"Me resultaba extremadamente difícil encontrar tiempo para tomar parte en los debates. Hubiera preferido que determinados momentos fueran reservados para discusiones grupales, tal vez no en vivo, sino conversaciones en línea, pero algo similar. Por ejemplo, en tal o cual día, todo el mundo contribuirá sus ideas sobre tal cuestión o tema." (Betania Allen Leigh, respuesta a la encuesta de 2008).

Esta sugerencia de combinar reuniones "virtuales" con tiempos de reuniones convencionales hizo eco en los demás participantes también. La misma investigadora dijo que hubiese preferido recibir un resumen diario de mensajes de correo electrónico en lugar de mensajes instantáneos con cada intervención individual.

Una contribución positiva de la plataforma fue la posibilidad de estar conectado con la memoria colectiva del Proyecto de Sexualidades, lo que permitió el diálogo de múltiples voces más allá de un período de tiempo previamente determinado. Los investigadores antes citados aluden a la naturaleza continua de la comunidad: a pesar de su ubicación física, siguieron siendo parte de la misma y fueron capaces de acceder al contenido de las discusiones anteriores.

Cabe destacar que el uso de la plataforma también significó un aporte en el proceso de constitución de la comunidad, en la medida en que éste podía tener lugar conscientemente a través del tiempo y espacio. Es decir, la metodología y la plataforma hicieron visible el proceso de convertirse en una comunidad.

Los investigadores manifiestan que la comunidad existe sobre el ideal de un imaginario colectivo; cuando uno está lejos, sigue siendo un espacio colectivo nutrido por cada intervención.

A su vez, varios mensajes ilustran la unificación de la esfera pública y privada y la dimensión del placer de participar en el proceso y la comunidad. El cambio en el trabajo académico y cultural –desde una cerrada y aislada práctica a una compartida y abierta experiencia– señala un momento de éxito en la capacidad de construcción del proceso.

Un año después, dos intervenciones hacen eco de la alegría e intensidad del proceso y el deseo de abrir la plataforma a otros, para crear más redes y compartir su trabajo: "Lamentablemente, solo nuestros equipos han tenido acceso a esta plataforma... Nadie puede siquiera imaginar cómo es nuestro intenso intercambio de ideas y la discusión" (Teresa Valdés, comentario de la plataforma, 24 de marzo, 2008).

> "Con el desarrollo del diálogo del Sur, debemos abrir esta plataforma al público, lo que significa que debemos dejar a más personas tener acceso a esta plataforma o integrar algunos contenidos de publicación en la página de inicio. Uno de los objetivos de esta acción es hacer que el público conozca qué estamos haciendo, quiénes somos, etc." (Peng Tao, comentario de plataforma, 3 de abril, 2008).

Las acotaciones de Valdés y Tao revelan un deseo por compartir sus hallazgos, no solo en lo que respecta a la investigación, sino más específicamente sobre el proceso de la "construcción de comunidad virtual". Ambos comentarios reflejan la consolidación de un significado de comunidad tanto a nivel profesional como personal.

La plataforma permite a los grupos hacer sus diálogos "abiertos" a miembros de afuera, pero nunca para el público en general. Los intentos por incorporar a expertos externos, incluyendo llamados telefónicos y el ofrecimiento de guiarlos a través del proceso, no fueron tan dinámicos como se esperaba y, en este sentido, la comunidad constituyó un círculo cerrado. Adicionalmente, la propuesta inicial de desarrollar oficinas virtuales en cada país no resultó como se visualizó. El plan era que cada equipo nacional iba a recibir información de un círculo más amplio de grupos nacionales, pero (con la posible excepción de los intentos del equipo mexicano por coordinar entre las diversas instituciones participantes) esto no tuvo lugar. En general, los grupos locales –más allá de la específica selección nacional– no hicieron uso de la plataforma, que terminó siendo la única sede del diálogo necesario para la coordinación global.

Conclusiones

La colaboración de ESE:O con el Proyecto de Sexualidades (2004-2009) permitió la implementación de una metodología innovadora basada en la teoría feminista y crítica, para facilitar canales de colaboración a través de múltiples fronteras disciplinarias, lingüísticas y geográficas. La construcción de un lenguaje común fue esencial para superar las fronteras en este proyecto transnacional y multidisciplinario. Aunque la comunidad de investigadores tomó la decisión de utilizar el inglés para la comunicación, hubo una negociación constante y dinámica de estilos de comunicación que implícitamente incluyó la heterogeneidad epistemológica y la diversidad cultural. De esta manera, además de las conversaciones sobre el contenido del proyecto, se reflexionó sobre cómo hablar acerca de los contenidos que participan en la negociación y la comunicación dialógica. La comunicación no fue solo materialmente posible gracias a la plataforma, sino también fue "mejorada" por ésta, como un investigador comentó, porque les permitía reflejar (sincrónica y asincrónicamente) el mismo lenguaje que ellos utilizaban para comunicarse.

El resultado más notable del proyecto fue la creación de una autosostenida comunidad global de investigación. La interacción en línea utilizando la plataforma se convirtió en un espacio privado para la creación de un lenguaje e identidad común. Esto implicaba utilizar la edición de pares en un sentido social más amplio, viendo la escritura como un proceso y un trabajo colaborativo, como la clave para la construcción de una comunidad. Esto se evidencia en las estadísticas sobre el uso de la plataforma por los investigadores, que gradualmente sobrepasó a la de los miembros del equipo de ESE:O. En este sentido, la comunidad fue facilitada por la mediación y retirada a propósito de ESE:O. La figura 1 del anexo demuestra que, cuando comenzó el proyecto, ESE:O tenía más participación en coordinar los foros que cualquier otro participante. A medida que progresaba el proyecto, su participación disminuía y la presencia de coordinadores e investigadores aumentó considerablemente. El equipo argentino eventualmente desempeñó un papel de líder y su presencia en la plataforma fue claramente visible. Uno de sus investigadores comentó lo que había hecho para superar las dificultades con la tecnología (y la "comunidad virtual" de información) para alcanzar el nivel de comodidad visto en el final del proyecto: "Quisiera señalar las resistencias, las dificultades para nosotros, los investigadores formados en el estilo de 'escritura y trabajo solitario', para integrar las nuevas herramientas en nuestro 'mundo privado' de pensar y trabajar." (Mario Pecheny, comentario de la plataforma, 1 de julio, 2008).

Su uso de la tecnología y su experiencia con la "comunidad" supone una transición en el modo en cómo acercó su investigación. Como Pecheny nota, en un campo donde "trabajar solo" es la norma, el uso de nuevas herramientas tecnológicas para avanzar en la "transición" a trabajar en comunidad poseía algunas dificultades. Esto no ignora que en las últimas décadas la tendencia al trabajo colectivo ha ido ganando terreno en muchas regiones, incluyendo la latinoamericana, en parte en respuesta a las posibilidades de financiamiento y la escala de más global de los proyectos. Pero el trabajo en línea añade nuevas posibilidades de inmediatez que potencian la comunicación y el sentido de la cohesión entre los investigadores.

Otra evidencia de la comunidad autosostenida está en la colaboración permanente entre los investigadores. Para aquellos que participaron tanto en el proyecto como en la coordinación, la plataforma continúa sirviendo como una fuente de material archivado para un desarrollo mayor, así como una comunidad de colegas con quienes siguen trabajando juntos. Han usado la plataforma para desarrollar documentos sobre los resultados finales del proyecto, capítulos de libros, artículos, y la promoción a nivel mundial del mismo proyecto. Como reflejo de esta colaboración académica, los equipos de Argentina y Sudáfrica están actualmente desarrollando actividades académicas en conjunto, más allá de este proyecto.

La diversidad entre los equipos que llevaron adelante el proyecto, combinada con la metodología de ESE:O y la plataforma virtual, permitió a los participantes aprovechar al máximo las ventajas de la heterogeneidad de las perspectivas locales. La circulación de estas perspectivas es un elemento esencial para el estudio y desarrollo de las sexualidades y las cuestiones de género en el escenario universitario del Sur. Esta experiencia confirma el positivo potencial de este enfoque metodológico para el trabajo colaborativo: el feminismo inspiró metodologías de comunicación –incluyendo las TIC que pueden conducir a la generación de comunidades virtuales de larga duración–, que impliquen transformaciones positivas internacionales, traspasando fronteras de colaboración. Estos tipos de colaboración son actualmente fundamentales en lo académico, y por esta razón ESE:O continuará explorando el potencial de las TICs para facilitar el trabajo académico colectivo, de manera progresiva e innovadora.

ANEXO

**Figura 1. Gráfico comparativo:
Número de veces visitada la plataforma
por los Coordinadores del Proyecto
(A. Ortiz-Ortega y M. Pecheny)
y ESE:O (S. Falabella).**

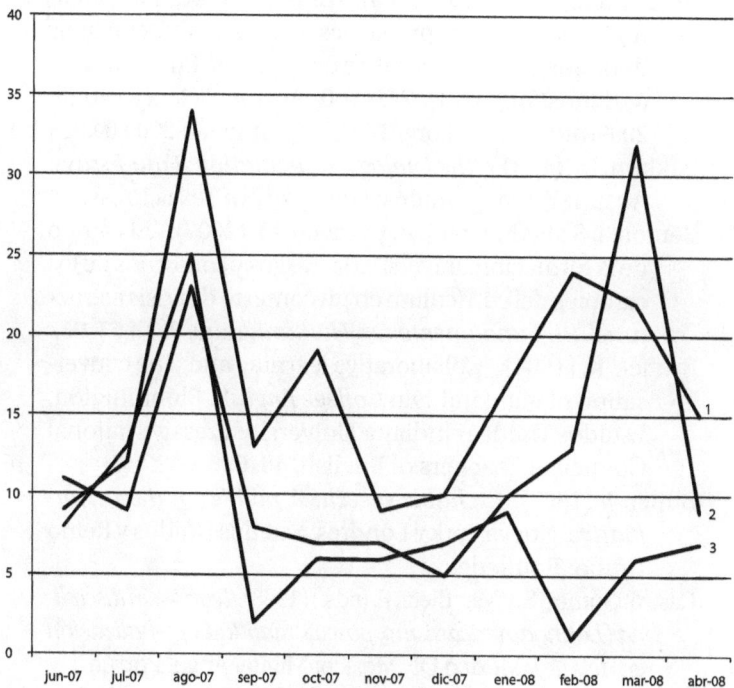

1 Ortiz Ortega, Adriana
2 Pecheny, Mario
3 Falabella, Soledad

Referencias bibliográficas

Amhag, L. y Jakobsson, A. (2009). "Collaborative learning as a collective competence when students use the potential of meaning in asynchronous dialogues". En *Computers & Education*, 52(3), 656–667. Acceso 3 de agosto de 2009, http://dspace.mah. se:8080/bitstream/2043/8053/1/AmhagC&E.pdf

An, H.; Shin, S. y Lim, K. (2009). "The effects of different instructor facilitation approaches on students' interactions during asynchronous online discussions". En *Computers & Education*, 53(3), 749–760. Acceso 3 de agosto de 2009, http://dx.doi.org/ 10.1016/j.compedu.2009.04.015

Bakhtin, M. (1981). *The Dialogic Imagination: Four Essays*. Austin, Estados Unidos: University of Texas Press.

Bentolila, S.; Pedranzani, B. y Clavijo, M. (2007). "El campo de la formación universitaria: rasgos y contornos de los cambios del currículum en un contexto de crisis estructural". En *Fundamentos en Humanidades*, 8(3), 67–95.

Bruffee, K. (1984). "Collaborative learning and 'The conversation of mankind'". En *College English*. Bloomington, Estados Unidos: Indiana University Press y National Council of Teachers of English, 46, 635–652.

Butler, J. (1997). *Excitable speech: A politics of the performative*. Nueva York y Londres, Estados Unidos y Reino Unido: Routledge.

Castro-Gómez, S. y Mendieta, E. (eds.) (1998). *Teorías sin disciplina (Latinoamericanismo, poscolonialidad y globalización en debate)*. México DF, México: Miguel Ángel Porrúa.

Chouliaraki, L. y Fairclough, N. (1999). *Discourse in late modernity: Rethinking critical discourse analysis*. Edinburgo, Reino Unido: Edinburgh University Press.

Clark, A. (2008). *Supersizing the mind: Embodiment, action, and cognitive extension*. Oxford, Reino Unido: Oxford University Press.

Clark, A. y Chalmers, D. (1998). "The extended mind". En *Analysis*, 58(1), 7. Acceso 3 de agosto de 2009, Academic Search Premier database.

Cornejo Polar, A. (1994). *Escribir en el aire: Ensayo sobre la heterogeneidad socio-cultural en las literaturas andinas*. Lima, Perú: Horizonte.

De Toro, A. (2008). "El futuro de las humanidades y de las ciencias sociales: el imperativo de una reforma". En *Universum*, 23(1), 313-351.

Dezalay, Y. y Garth, B. (2002). *The internationalization of palace wars: Lawyers, economists, and the contest to transform Latin American states*. Chicago, Estados Unidos: The University of Chicago Press.

Fairclough, N. (1989). *Language and power*. Londres y Nueva York, Reino Unido y Estados Unidos: Longman.

Heidegger, M. (2002). *The essence of truth: On Plato's cave allegory and theaetetus*. Nueva York, Estados Unidos: Continuum.

Horkheimer, M. y Adorno, T. (2002). *Dialectic of enlightenment*. Chicago, Estados Unidos: Stanford University Press.

Irigaray, L. (1985). *Speculum of the other woman*. Ithaca, Estados Unidos: Cornell University Press.

Lander, E. (ed.) (2000). *La colonialidad del saber: Eurocentrismo y ciencias sociales. Perspectivas latinoamericanas*. Buenos Aires, Argentina: Consejo Latinoamericano de Ciencias Sociales.

Meyer, J.; Kaplan, D. y Charum, J. (2001). "Scientific nomadism and the new geopolitics of knowledge". En *International Social Science Journal*, 53, 309-321.

Perry, D. y Smithmier, M. (2005). "Peer editing with technology: Using the computer to create interactive feedback". En *English Journal*, 94(6), 23-24. Acceso 3 de agosto de 2009, Academic Search Premier database.

Proyecto Sexualidades (2006). Informe mitad de período a la Fundación Ford.

Rheingold, H. (2000). *The virtual community: Homesteading on the electronic frontier*. Cambridge, Estados Unidos: Massachusetts Institute of Technology Press.

Rojo, G. (1998). "De la supervivencia de la humanidades en el Chile de hoy". En *Literatura y Lingüística*, 11, 249-255.

Schrire, S. (2006). "Knowledge building in asynchronous discussion groups: Going beyond quantitative analysis". En *Computers & Education*, 46(1), 49-70.

Silva, E. (2001). *La crisis de las humanidades*. Trabajo presentado al V Congreso Latinoamericano de las Humanidades, Granada, Colombia.

Smith, M. (1999). *Communities in cyberspace*. Nueva York y Londres, Estados Unidos e Reino Unido: Routledge.

Sperber, D. (2003). "Why rethink interdisciplinarity?" En *Interdisciplines: Rethinking Interdisciplinarity*. Acceso 15 de noviembre de 2007, http://www.interdisciplines. org/interdisciplinarity/papers/1.

Spivak, G. (1983). "Displacement and the discourse of woman". En *Feminist Review*, 26, 29-41.

Spivak, G. (1988). "Can the subaltern speak?" En Nelson, C. y Grossberg, L. (eds.) *Marxism and the interpretation of culture*. 271-313. Chicago, Estados Unidos: University of Illinois Press.

Staley, D. (2009). "Managing the platform: Higher education and the logic of Wikinomics". En *Educause Review*, 44(1), 36-46. Acceso 3 de agosto de 2009, Academic Search Premier database.

Swales, J. (1990). *Genre analysis: English in academic and research settings*. Cambridge, Reino Unido: Cambridge University Press.

Walsh, C. (2008). "Interculturalidad, plurinacionalidad y decolonialidad: las insurgencias político-epistémicas de refundar el Estado". En *Tabula Rosa*, 9, 131-152.

Autoras y autores

BETANIA ALLEN-LEIGH

Doctora en Ciencias Antropológicas (Universidad Autónoma Metropolitana, México). Investigadora de la División de Salud Reproductiva del Instituto Nacional de Salud Pública de México. Correo electrónico: betania.allen@gmail.com

JANE BENNETT

Doctora en Lingüística Aplicada (Universidad de Columbia, Estados Unidos). Directora del Instituto Africano de Género de la Universidad de Ciudad del Cabo, Sudáfrica. Correo electrónico: Jane.Bennett@uct.ac.za

SOLEDAD FALABELLA

Doctora en Literatura y Lenguas Hispánicas (Universidad de California, Berkeley, Estados Unidos). Cofundadora y directora de ESE:O, Programa Intercultural de Escritura Académica. Profesora investigadora de la Escuela de Literatura Creativa de la Universidad Diego Portales, Chile. Correo electrónico: sfalabella@gmail.com

AYMARA FLORES SORIANO

Licenciada en Etnohistoria (Escuela Nacional de Antropología e Historia, México). Estudiante de la Maestría en Educación (Instituto Politécnico Nacional, México). Correo electrónico: afloressoriano@gmail.com

MÓNICA GOGNA

Doctora en Ciencias Sociales (Universidad de Buenos Aires, Argentina). Investigadora adjunta del Consejo Nacional de Investigaciones Científicas y Técnicas de Argentina (CONICET) y del Centro de Estudios de Estado y Sociedad (CEDES). Correo electrónico: monicag@cedes.org

DANIEL JONES

Doctor en Ciencias Sociales (Universidad de Buenos Aires, Argentina). Becario posdoctoral del Consejo Nacional de Investigaciones Científicas y Técnicas de Argentina (CONICET) con sede en el Instituto Gino Germani (UBA). Docente de la Facultad de Ciencias Sociales de la Universidad de Buenos Aires. Correo electrónico: jonesdaniel@speedy.com.ar

MARÍA ROSA MAURIZI

Magíster en Comunicación Social (Universidad Diego Portales, Chile). Cofundadora de ESE:O, Programa Intercultural de Escritura Académica. Correo electrónico: rmaurizi@gmail.com

RODRIGO MOLINA

Magíster en Sociología (Universidad de Concordia, Canadá). Investigador del Centro de Estudios para el Desarrollo de la Mujer (CEDEM), Chile. Correo electrónico: rmolina@cedem.cl

JOSÉ OLAVARRÍA

Doctor en Ciencias Sociales (Universidad de Buenos Aires). Investigador del Centro de Estudios para el Desarrollo de la Mujer (CEDEM), Chile. Correo electrónico: jolavarr@cedem.cl

ADRIANA ORTIZ-ORTEGA

Doctora en Ciencia Política (Universidad de Yale, Estados Unidos). Asesora académica de la Secretaría General de la Universidad Nacional Autónoma de México. Correo electrónico: adriortiz@unam.mx

MARIO PECHENY

Doctor en Ciencia Política (Universidad París III, Francia). Investigador adjunto del Consejo Nacional de Investigaciones

Científicas y Técnicas de Argentina (CONICET) con sede en el Instituto Gino Germani (UBA). Profesor adjunto de la Facultad de Ciencias Sociales de la Universidad de Buenos Aires. Correo electrónico: mpecheny@retina.ar

ALLISON RAMAY
Doctora en Lenguas y Literatura Hispánica (Universidad de California, UCLA, Estados Unidos). Profesora en el Departamento de Literatura Inglesa de la Pontificia Universidad Católica de Chile. Correo electrónico: aboise@yahoo.com

VASU REDDY
Doctor en Estudios de Género (Universidad de KwaZulu-Natal, Sudáfrica). Investigador principal de la Unidad de Investigación en Género y Desarrollo del Consejo de Investigaciones en Ciencias Humanas de Sudáfrica (HSRC). Correo electrónico: vasureddy@hsrc.ac.za

ADRIANA LEONA ROSALES MENDOZA
Doctora en Ciencias Antropológicas (Universidad Autónoma Metropolitana, México). Profesora-investigadora del Área Diversidad e Interculturalidad de la Universidad Pedagógica Nacional, México. Correo electrónico: leonarosales@gmail.com

PAN SUIMING
Fundador y director del Instituto de Sexualidad y Género de la Universidad Renmin de China. Profesor del Departamento de Sociología de la Universidad Renmin. Correo electrónico: pansuiming@yahoo.com

PENG TAO
Profesor asociado del Centro de Investigación y Educación en Salud Sexual, Escuela de Salud Pública de

la Universidad Médica de Harbin, China. Correo electrónico: pengtao1@china.com

TERESA VALDÉS
Licenciada en Sociología (Universidad Católica de Chile),
Doctoranda en Ciencias Sociales (Universidad de Buenos
Aires, Argentina). Investigadora del Centro de Estudios
para el Desarrollo de la Mujer (CEDEM) y coordinadora
del Observatorio de Género y Equidad, Chile. Correo electrónico: equidadcedem@gmail.com

GAO YANNING
Profesor Asociado de la Escuela de Salud Pública,
Universidad de Fundan, China.

HUANG YINGYING
Doctora en Ciencias Sociales. Investigadora posdoctoral
en la Universidad de Western Australia. Vicedirectora del
Instituto de Sexualidad y Género de la Universidad Renmin
de China. Correo electrónico: yyingsu@yahoo.com.cn